미리 보고 개념 잡는 초등

어휘력

이재승, 최승한 지음

Mirae N 아이세움

차례

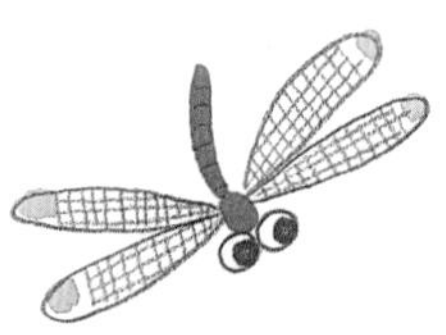

어휘 학습의 중요성

아이가 공부를 잘하려면 문장을 읽고 이해할 수 있는 능력이 뒷받침되어야 합니다. 이해를 잘 하려면 문맥이나 상황에 따라 정확하게 뜻을 이해하고 사용할 수 있는 어휘력 학습이 필요합니다.

☑ 어휘의 뜻

어휘는 일정한 범위에서 사용되는 낱말(단어)들의 집합이라고 말할 수 있습니다. 다시 말하면 어휘는 일정한 범위에서 사용되는 낱말들의 목록과 그 구성 체계를 말합니다. 이렇게 일정한 범위에서 개개 낱말들이 모인 전체를 가리킬 때 어휘라는 말을 사용할 수 있습니다. 이러한 어휘를 익히려면 낱말의 사전적인 뜻을 포함하여 여러 관계된 어휘를 알 수 있어야 합니다. 이 책은 어휘의 관계 즉, 유의어 • 반의어, 상의어 • 하의어 등 낱말의 관계적인 측면에서 아이들이 쉽게 어휘를 익힐 수 있도록 구성하였습니다.

☑ 어휘 학습의 중요성

아이는 초등학교 1학년 때까지 보통 5,000개에서 6,000개의 어휘를 습득합니다. 그리고 고등학교까지 12년의 학교생활 동안 36,000개의 어휘를 학습하게 됩니다. 하루에 5개 정도의 낱말을 학습하는 꼴입니다. 하지만 실제 일상생활에서 자유로운 의사소통과 상호 이해를 위해 필요한 어휘의 수는 대략 55,000개 정도라고 하니, 아이는 지금보다 훨씬 많은 양의 어휘를 배워야 합니다. 어휘력은 언어를 효과적으로 사용하는 능력으로 국어는 물론 사회, 수학, 과학, 예체능 모든 교과에 필수적으로 필요한 능력입니다.

어휘력을 키우는 방법

☑ 낱말과 배경 경험 관련짓기

어휘력을 키우는 방법 중 가장 효과적인 것은 다양하고 풍부한 일상 경험을 제공해 주는 것입니다. 이러한 경험은 배경 경험(스키마)을 확충하는 데 도움이 됩니다. 새로운 낱말과 아이가 가지고 있는 경험을 관련짓는 것은 어휘 습득에 도움을 줍니다.

☑ 관계 맺기

새로운 낱말을 따로 나타내는 것보다 서로 어떻게 관련되어 있는지 보여 줍니다. 유의어 • 반의어, 상의어 • 하의어, 동음이의어, 다의어, 의성어 • 의태어 등 어휘의 관계를 활용하여 익히면 어휘 습득이 빨라집니다.

☑ 의미의 깊이 더하기

낱말이 사용되는 다양한 상황을 제시하고, 그 상황에서 낱말이 어떤 뜻으로 사용되었는지, 각 상황에서 낱말의 의미를 비교해 봅니다.

☑ 반복해서 사용하기

새로운 낱말을 최소한 10번 정도 아이에게 반복해 사용합니다. 처음에는 그 낱말이 어떤 뜻으로 쓰였는지 알지 못하더라도 말이나 글의 문맥 속에서 자주 접하다 보면 이해할 수 있게 됩니다.

☑ 관심 갖게 하기

일상생활에서 낱말에 관심을 갖게 하는 활동을 해 봅니다. 예를 들어 낱말 맞추기나 말 잇기 놀이 등을 자주 하면 아이가 낱말에 관심을 갖게 되어 쉽게 어휘력을 키울 수 있습니다. 새로운 낱말을 사전에서 찾아보는 것도 좋은 방법입니다.

이 책의 활용법

차례차례 따라 하면 어휘력 백 점!

1. 낱말과 낱말 사이의 관계를 파악해요!

- 각 단원에서 배울 어휘 개념을 읽고 아래 사전에서 낱말과 낱말 사이의 관계를 파악합니다.

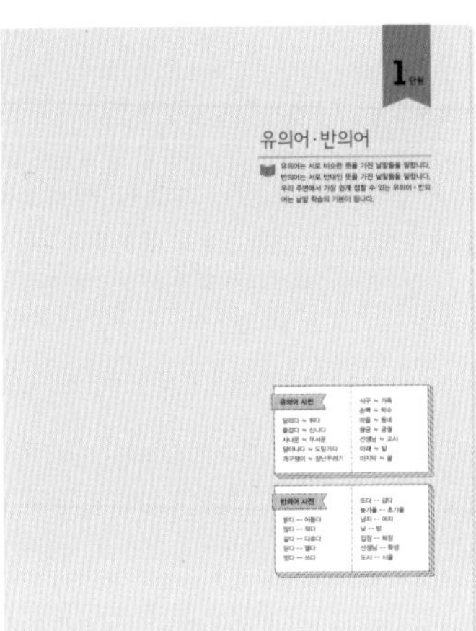

2. 재미있는 활동으로 자연스럽게 학습해요!

- 낱말 사이의 의미 관계를 파악하고 재미있는 문제 활동으로 어휘를 다양하게 익힙니다.
- 실생활에서 사용되는 다양한 어휘를 기본 개념부터 차근차근 익힙니다.
- 억지로 암기하는 것이 아니라 저절로 이해하고 통합적으로 활용할 수 있습니다.

1 단원

유의어 · 반의어

유의어는 서로 비슷한 뜻을 가진 낱말들을 말합니다. 반의어는 서로 반대인 뜻을 가진 낱말들을 말합니다. 우리 주변에서 가장 쉽게 접할 수 있는 유의어 • 반의어는 낱말 학습의 기본이 됩니다.

유의어 사전

달리다 ≒ 뛰다
즐겁다 ≒ 신나다
사나운 ≒ 무서운
달아나다 ≒ 도망가다
개구쟁이 ≒ 장난꾸러기
식구 ≒ 가족
손뼉 ≒ 박수
마을 ≒ 동네
왕궁 ≒ 궁궐
선생님 ≒ 교사
아래 ≒ 밑
마지막 ≒ 끝

반의어 사전

밝다 ↔ 어둡다
많다 ↔ 적다
같다 ↔ 다르다
닫다 ↔ 열다
벗다 ↔ 쓰다
뜨다 ↔ 감다
늦가을 ↔ 초가을
남자 ↔ 여자
낮 ↔ 밤
입장 ↔ 퇴장
선생님 ↔ 학생
도시 ↔ 시골

1. 보기 에서 동물들이 들고 있는 낱말과 비슷한 낱말을 찾아 빈칸에 써 봅시다.

뜻이 서로 비슷한 말을 골라 봅시다. 비슷한말이라고도 하지요.

2. 다음 낱말 묶음을 보고, 다른 두 낱말과 어울리지 않는 낱말을 찾아 ○표를 해 봅시다.

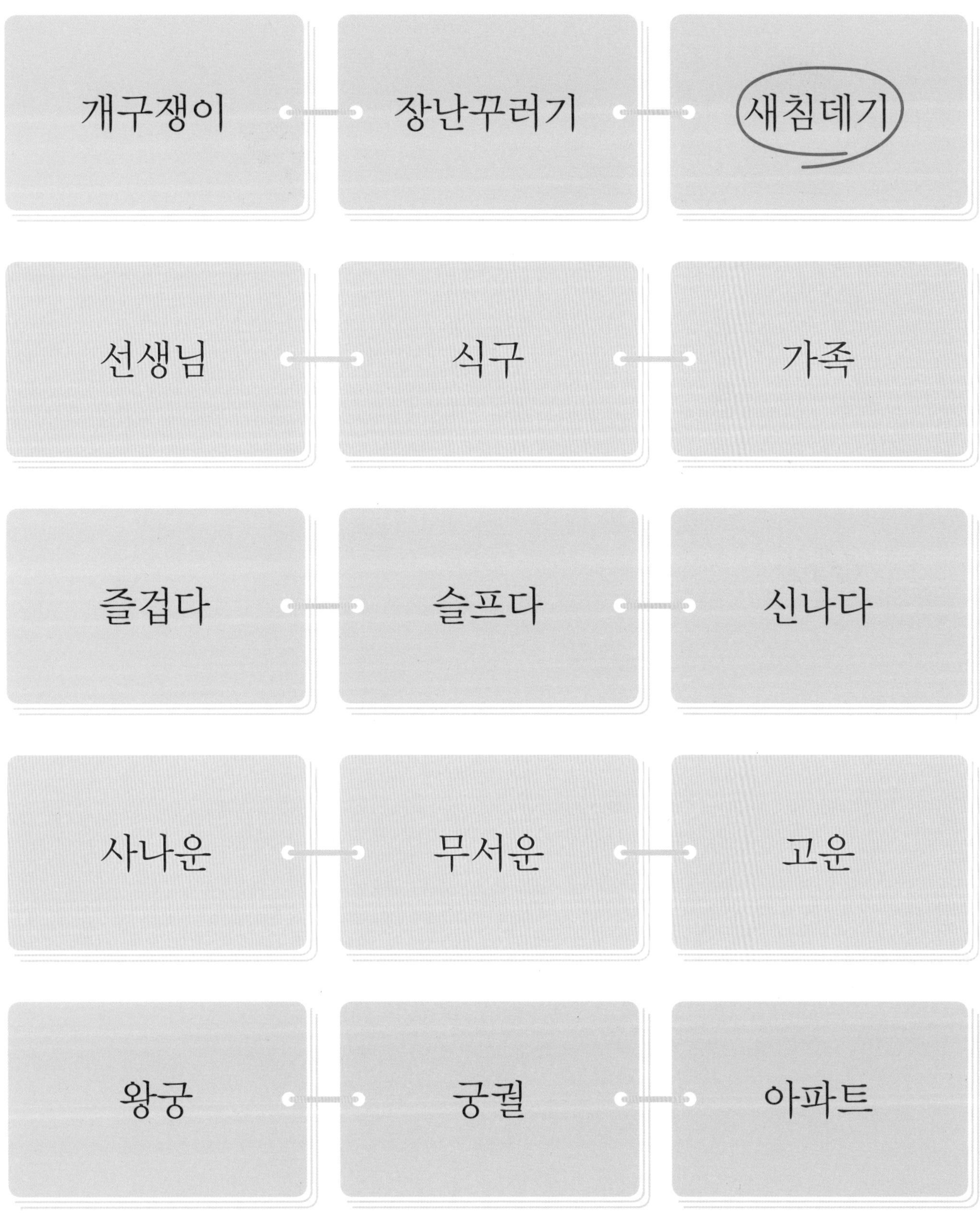

1. 밑줄 그은 낱말과 비슷한 뜻의 낱말을 따라가며 미로를 풀어 봅시다.

출발

나비가 달아나요.

멈춰요.

도망가요.

나비가 다리 아래로 가요.

가운데로

밑으로

나비가 자루에 들어가요.

주머니에

소쿠리에

나비가 마지막 인사를 해요.

처음

끝

도착

2. 서로 반대되는 뜻의 낱말을 선으로 이어 봅시다.

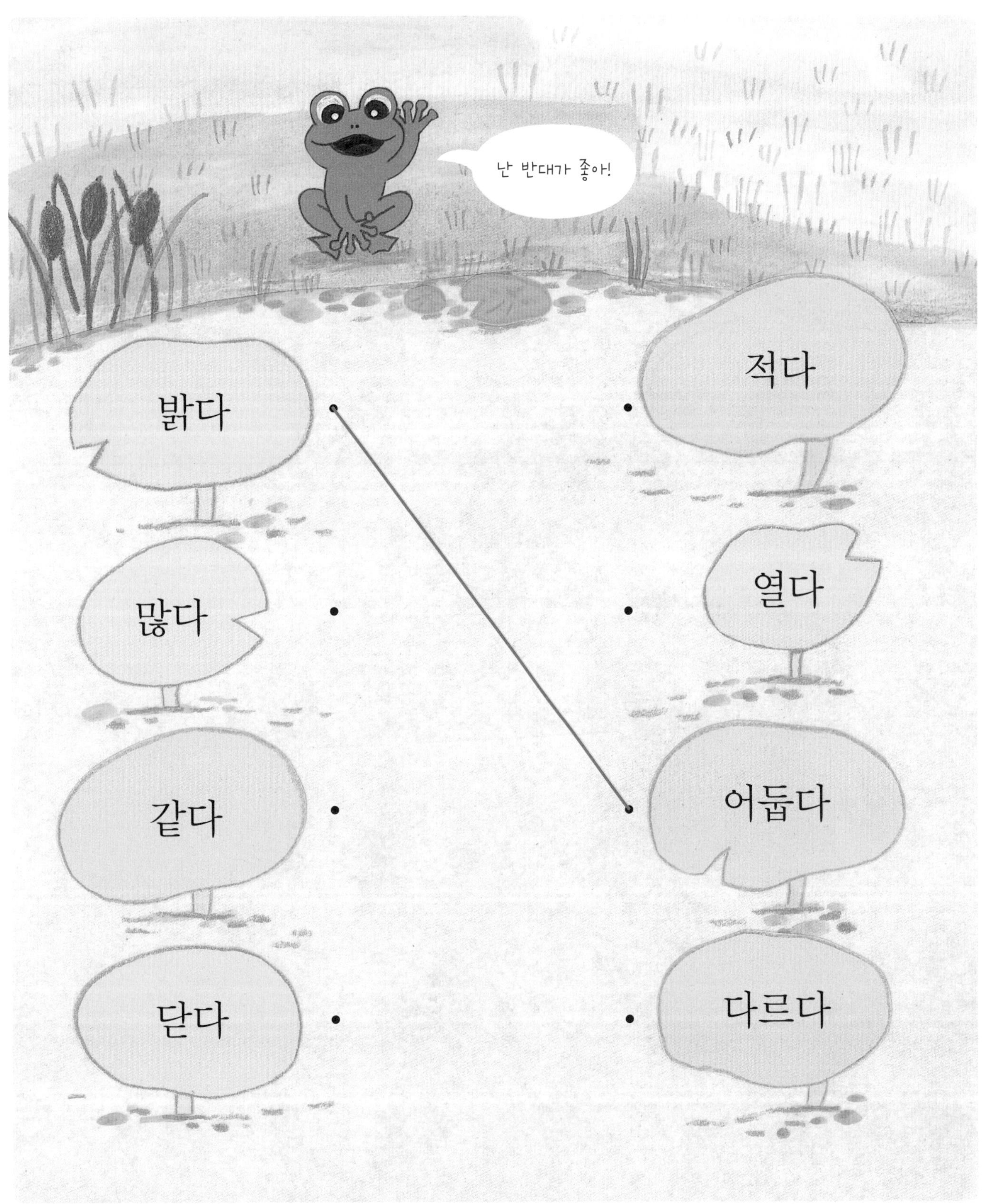

서로 정반대되는 관계에 있는 말을 골라 봅시다. 반대말이라고도 하지요.

1. 그림을 잘 보고, 친구의 모습과 반대되는 낱말에 ○표를 해 봅시다.

낱말	보기 1	보기 2
모자	벗다	쓰다
나비 넥타이	매다	풀다
축구복	입다	벗다
반지	끼다	빼다
구두	신다	벗다

2. 다음 그림을 보고 보기 에서 알맞은 낱말을 찾아 빈칸에 써 봅시다.

보기	감다	뛰다	닫다	벗다	덥다	여자	걷다	밤

1. 보기 에서 알맞은 낱말을 찾아 서로 반대의 뜻이 되도록 빈칸에 써 봅시다.

퇴 장 — □ 장

선 생 님 — □ 생

도 시 — □ 골

2. 보기 에서 알맞은 낱말을 찾아 빈칸에 써 봅시다.

보기 서 이 촌 도 윗 오

상 의 — □ 도 리

시 골 — □

남 매 — 오 누 □

책 — □ 서

2 단원

상의어 · 하의어

한 낱말의 뜻이 다른 낱말을 포함할 때, 포함하는 낱말을 '상의어'라고 하고, 포함되는 낱말을 '하의어'라고 합니다. 상의어는 여러 개의 하의어를 포함합니다.

상의어 · 하의어 사전

동물 ⊃ 지렁이, 개구리, 호랑이, 상어, 딱정벌레
식물 ⊃ 강아지풀, 민들레, 소나무, 나팔꽃, 호박꽃
음료수 ⊃ 주스, 물, 우유, 차, 콜라, 사이다
장난감 ⊃ 인형, 구슬, 딱지, 로봇
곤충 ⊃ 잠자리, 나비, 벌, 개미, 풍뎅이
가구 ⊃ 책장, 의자, 침대, 식탁
악기 ⊃ 바이올린, 플루트, 트럼펫, 첼로, 피아노
한식 ⊃ 김치찌개, 불고기, 비빔밥, 파전
색깔 ⊃ 빨강, 노랑, 파랑, 검정, 보라, 하양
신발 ⊃ 장화, 운동화, 샌들, 구두
가족 ⊃ 할머니, 동생, 엄마, 아빠, 오빠, 누나
나라 ⊃ 대한민국, 일본, 미국, 중국
학용품 ⊃ 연필, 가위, 자, 공책
양념 ⊃ 케첩, 설탕, 고추장, 된장, 식초, 소금
간식 ⊃ 과자, 빵, 캐러멜, 껌, 사탕, 초콜릿
일식 ⊃ 생선 초밥, 유부 초밥, 우동

1. 그림을 잘 보고 물음에 답해 봅시다.

1) 동물과 식물에 해당하는 그림을 각각 선으로 이어 봅시다.

2) 1)을 다음과 같이 나타낼 때, 빈칸에 알맞은 낱말을 써 봅시다.

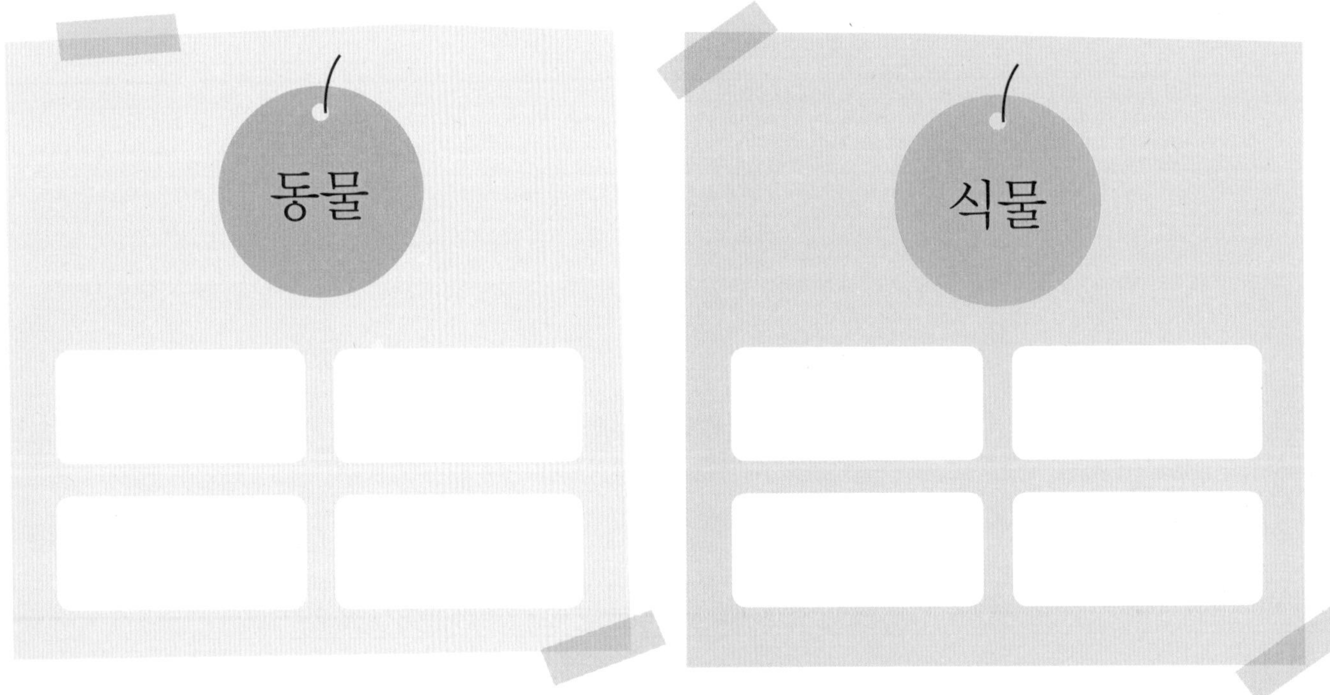

'동물'과 '식물'이 상의어, 각각에 포함되는 낱말들이 하의어입니다.

2. 보기 와 같이 밑줄에 알맞은 낱말을 써 봅시다.

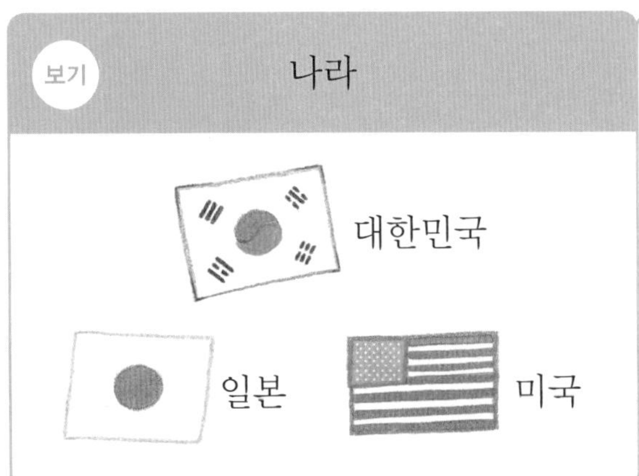

여기 대한민국, 일본, 미국이
있습니다.
모두 나라입니다.

1)

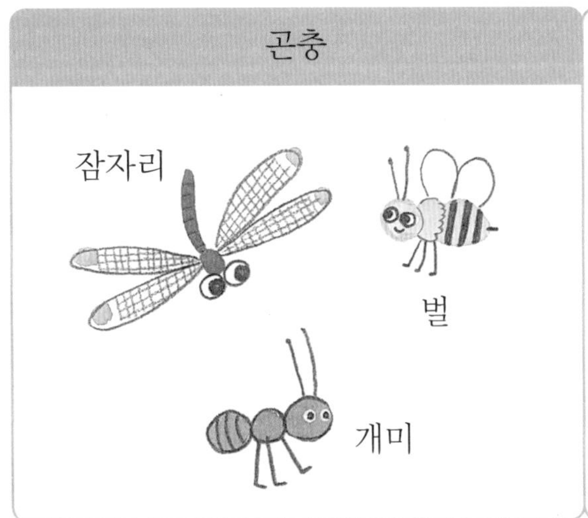

여기 ______________________
______________________ (이)가 있습니다.
모두 ______________________ 입니다.

2)

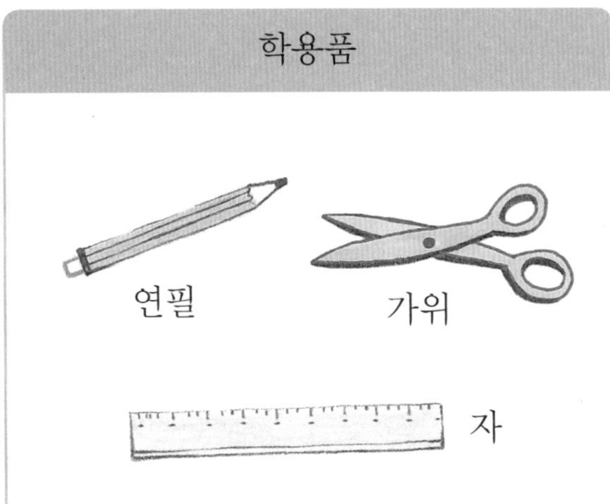

여기 ______________________
______________________ (이)가 있습니다.
모두 ______________________ 입니다.

1. '마시는 것'을 나타내는 낱말을 알아봅시다.

1) '마시는 것'을 나타내는 낱말을 따라가며 미로를 풀어 봅시다.

2) 친구가 지나간 길에 있는 '마시는 것'을 순서대로 써 봅시다.

→ → →

3) 마시는 것을 한데 묶어 무엇이라고 부르는지 찾아 써 봅시다.

2. 보기 와 같이 문제를 풀어 봅시다. 5개의 낱말 중 공통점이 없는 한 낱말을 골라 ×표를 하고, 나머지가 공통으로 속하는 낱말을 골라 ○표를 해 봅시다.

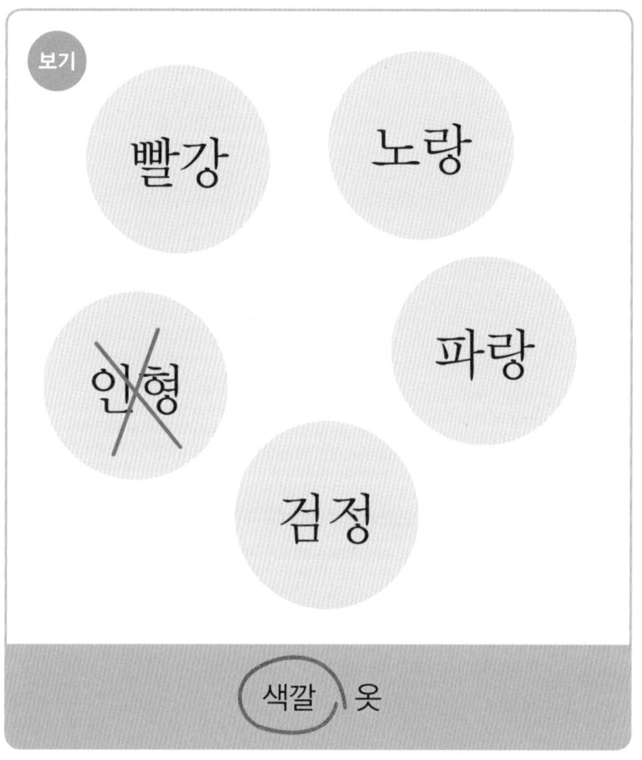

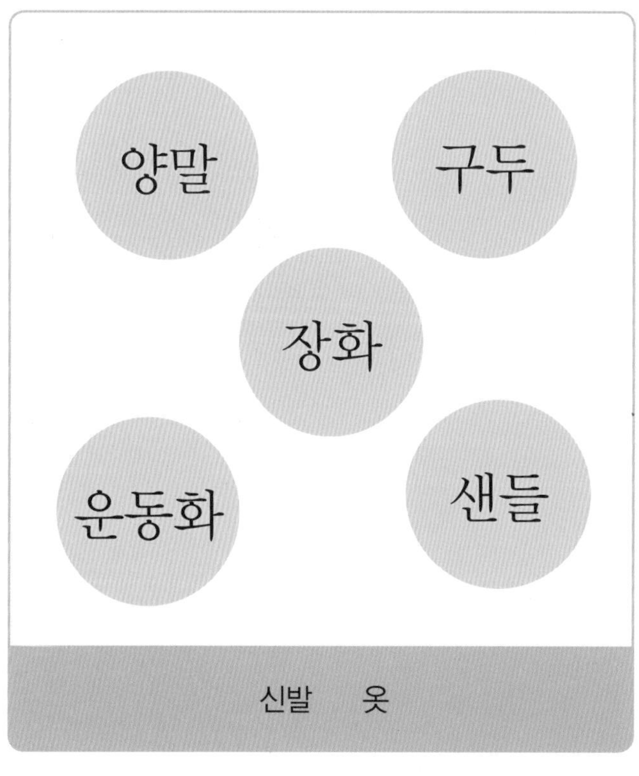

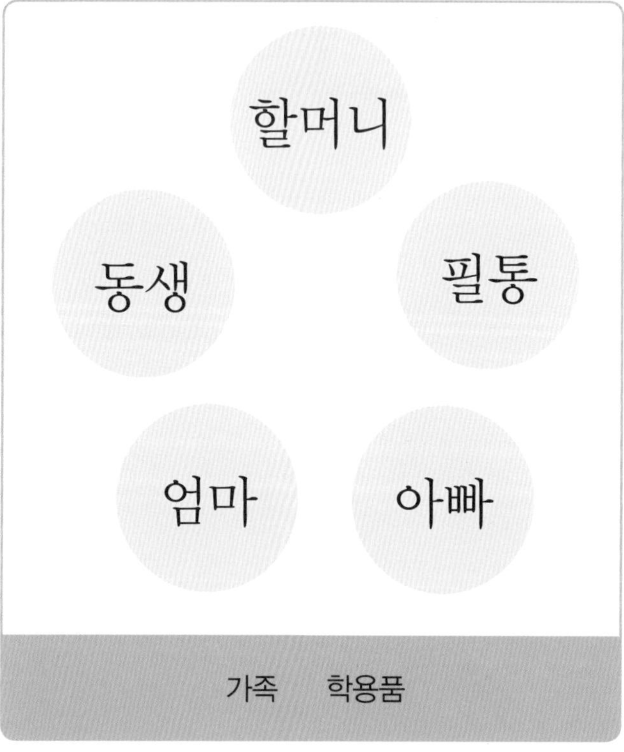

1. 가게에서 잘못 놓인 물건을 찾아 서로 자리를 바꾸도록 표시해 봅시다.

2. 사전을 만들려고 합니다. 글을 잘 읽고, 보기 에서 필요한 낱말을 찾아 써 봅시다.

가구	악기
가구란 물건을 안에 넣거나 올려놓거나, 사람이 앉고 눕는 등 집안 살림에 도움이 되는 물건이다.	악기는 불거나 튕기거나 두드려서 음이 있는 소리가 나도록 만든 물건이다.
가구에는 ______ ______ (이)가 있다. ______	악기에는 ______ ______ (이)가 있다. ______

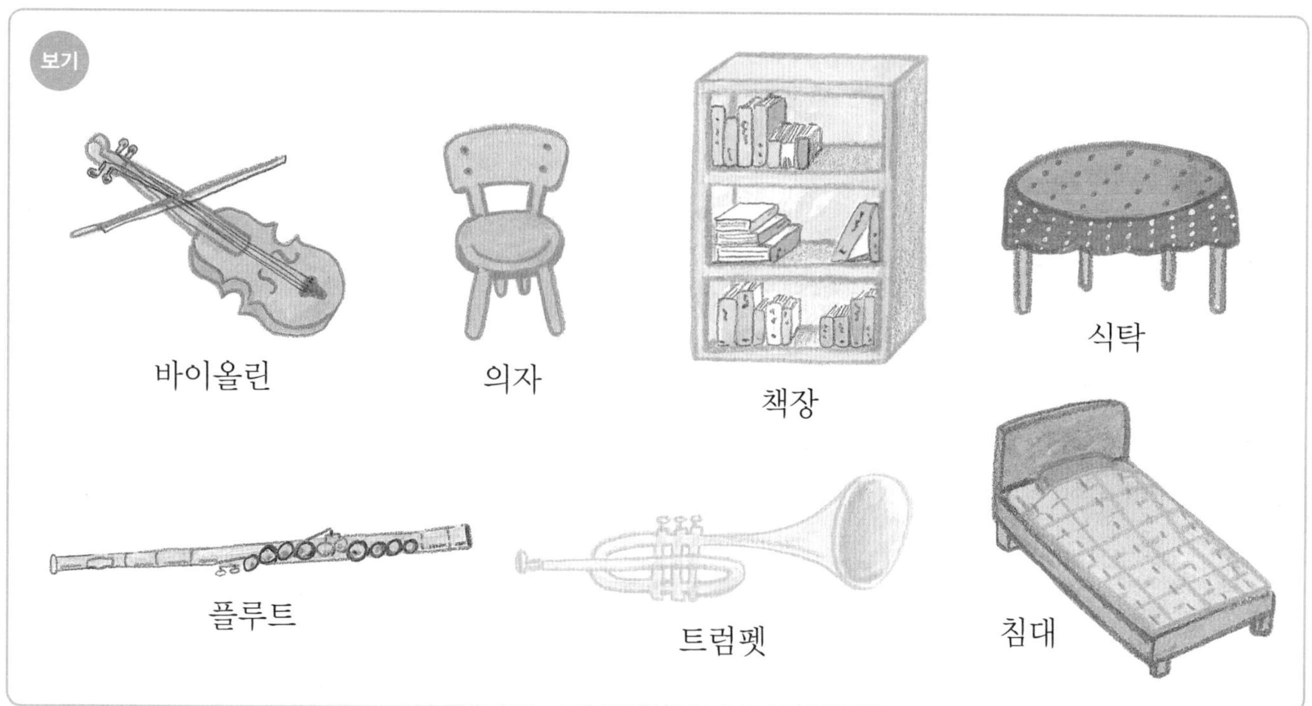

1. 친구들이 먹고 싶은 음식을 잘 보고 물음에 답해 봅시다.

1) 보기 에서 알맞은 낱말을 찾아 빈칸에 써넣어 메뉴판을 완성해 봅시다.

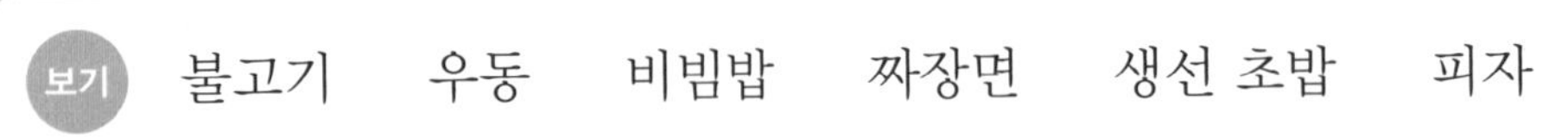

보기 불고기 우동 비빔밥 짜장면 생선 초밥 피자

한식
비 □ □
파전
□ □ 기
김치찌개

일식
유부 초밥
우 □
메밀국수
□ □ □ 밥

나는 불고기!
김치찌개 시켜야지.
난 유부 초밥!
우동 먹을 거야!
우린 둘 다 비빔밥.

2) 한식과 일식을 먹을 친구들의 숫자를 각각 써 봅시다.

한식 □ 명, 일식 □ 명

3 단원

동음이의어

동음이의어는 소리는 같지만 뜻은 전혀 다른 낱말입니다. 문장 속에서 낱말의 앞뒤로 미루어 그 뜻을 짐작할 수 있습니다.

동음이의어

사과[1]
사과나무의 열매로 색깔이 붉고 새콤달콤한 맛이 난다.
사과[2]
자기의 잘못을 인정하고 용서를 비는 것.

배[1]
동물의 가슴 아래와 다리 위의 부분.
배[2]
사람이나 물건을 싣고 물길로 다니는 물건.
배[3]
배나무의 열매로 수분이 많고 단맛이 난다.

연기[1]
정해진 기한을 뒤로 물림.
연기[2]
물건이 불에 탈 때 일어나는 검거나 희뿌연 기체.
연기[3]
관객 앞에서 영화, 연극, 노래, 춤 따위를 행동하여 보이는 일.

쓰다[1]
글씨를 그리다, 글을 짓다.
쓰다[2]
머리 위에 얹다.
쓰다[3]
혀에 한약이나 소태 맛을 느끼다.

1. 두 친구의 이야기를 잘 읽고, 물음에 답해 봅시다.

1) 친구들이 말한 '바람'의 뜻을 찾아 선으로 이어 봅시다.

오늘 경기에서 홈런을
꼭 치게 해달라는 바람이
이루어졌으면 좋겠어!

뭐? 오늘 홈런
꼭 치도록 바람 불게
해 달라고?

 •

• 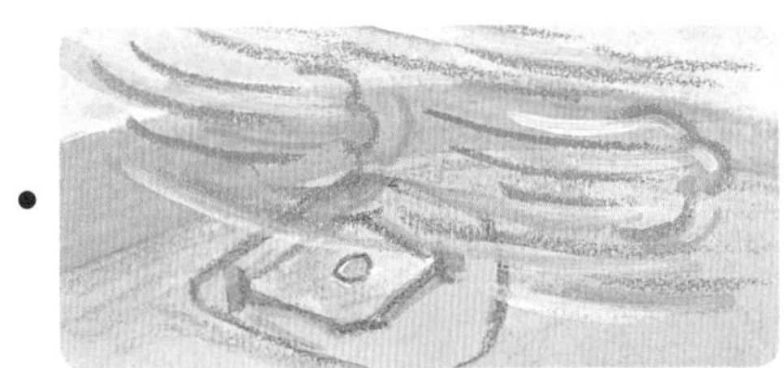

 •

• 

2) 친구들이 말한 '밤'의 뜻을 찾아 선으로 이어 봅시다.

추석에 엄마랑
밤새 밤을 깠어.

밤을 샜어?
엄청 피곤하겠구나.

 •

• 

 •

• 

같은 소리지만 뜻이 전혀 다른 낱말들을 동음이의어라고 합니다.

2. 문장을 잘 읽고, 보기 에서 알맞은 낱말을 찾아 빈칸에 써 봅시다.

보기 사과 머리 감자 다리 포도 은행 동전

1) 여왕은 백설공주에게 빨간 ☐☐ 를 주었어요.
• 과일의 한 종류

2) 진이는 다투었던 친구에게 먼저 다가가서 ☐☐ 를 했다.
• 자기가 잘못한 일에 대해 용서를 구함

3) 엄마와 ☐☐ 에 가서 내 통장을 만들었다.
• 저금을 할 수 있는 기관

4) 가을이면 거리에 나무에서 떨어진 ☐☐ 이 가득하다.
• 은행나무의 열매

5) 오늘 축구를 열심히 했더니 ☐☐ 가 아프다.
• 서거나 걷거나 뛰는 일을 하는 몸의 한 부분

6) 차를 타고 ☐☐ 를 건너니 강물이 흐르는 것이 눈에 보인다.
• 물이나 계곡과 같은 것들을 건널 수 있도록 두 곳을 연결한 것

1. 보기 와 같이 밑줄 친 낱말의 뜻으로 알맞은 그림에 √표를 해 봅시다.

보기

너무 늦어 <u>밤</u>이 되니
혼자 걷기가 무섭다.

1)

날이 추워서
나무를 <u>태웠다</u>.

2)

어제 지훈이랑
웃긴 <u>말</u>을 하면서
집에 왔어.

3)

TV에 나오는
배우들이
<u>연기</u>를 참 잘한다.

4)

지민이랑 나는
마음이 정말
잘 <u>맞는</u> 친구야.

2. 친구의 말을 잘 읽고, 밑줄 친 낱말과 같은 뜻의 낱말을 사용한 친구를 골라 봅시다.

1)

①  태완 어떻게 공연에서 연기가 날 수가 있지?

②  승희 희철이 참 슬프겠다. 배우가 연기를 못하나 봐?

③  화진 공연이 연기됐지만 더 좋은 공연을 볼 수 있을 거야.

④  보미 연기 마시면 몸에 굉장히 해로워.

2)

① 태완 나도 할머니께서 주신 맛나고 시원한 배 먹었어.

②  승희 나 지금 배가 너무 고픈데, 맛있었겠다.

③  희철 나는 아버지랑 어제 배를 타서 굉장히 좋았어.

④  보미 나는 배 타니까 속이 너무 울렁거리더라.

1. '쓰다'와 '차다'의 뜻을 알아보고, 그림과 알맞은 문장을 선으로 이어 봅시다.

1) 쓰다

준석이는 일기를 매일 썼다.	감기 약이 무척 쓰다.	햇살이 따가워서 모자를 썼습니다.

2) 차다

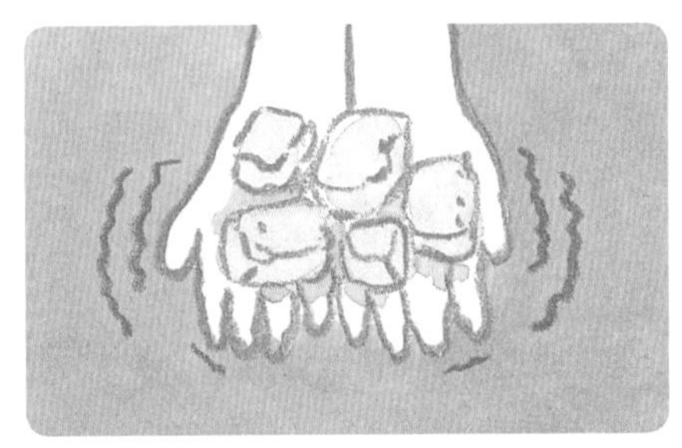

컵에 주스가 가득 찼습니다.	축구장에서 공을 세게 찼다.	얼음은 정말 차다.

2. 보기 와 같이 밑줄 친 낱말의 뜻으로 알맞은 그림에 √표를 해 봅시다.

보기

철수에게 어제 일에 대해 <u>묻다</u>.

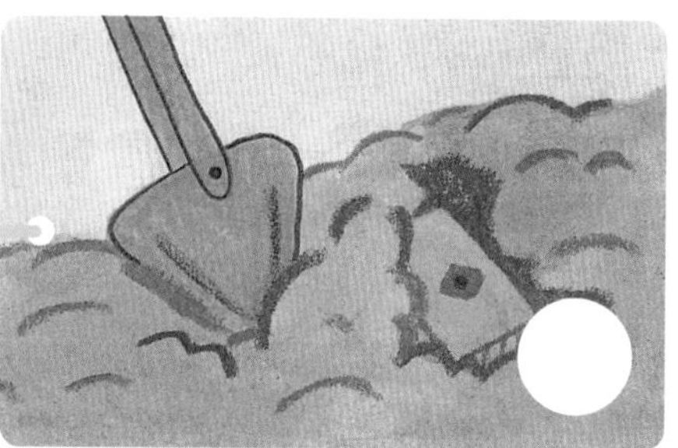

1) 도서관에서 〈미녀와 <u>야수</u>〉책을 빌렸다.

2) 우리집 뒷산에는 다양한 <u>풀</u>이 있어.

3) 배가 출발하며 <u>기적</u>을 울린다.

4) 희철이는 말도 안 되는 <u>말</u>을 하고 있어.

1. 문장에서 밑줄 친 낱말의 뜻이 서로 같으면 ○표를, 다르면 ×표를 해 봅시다.

나는 사과를 먹었어.	어제 민주가 사과를 했어.	
하늘에서 눈이 내려 내 눈 속으로 들어왔어.	너 어제 축구공에 눈을 맞았다며?	
어제 먹은 배가 무척 싱싱했어.	낚시를 가려고 배에 탔어.	
많이 걸었더니 발이 아팠다.	공을 발로 뻥 찼다.	
병에 담긴 음료수를 먹으렴.	깨끗하게 씻지 않으면 병에 걸릴 수 있다.	
정은이는 나보다 많이 말랐다.	빨래가 햇볕에 뽀송뽀송하게 말랐다.	

다의어

다의어는 두 가지 이상의 뜻을 가지고 있는 낱말입니다. 같은 소리에 여러 가지 뜻이 있다는 것은 동음이의어와 비슷하지만, 다의어는 서로 연관되어 있는 한 의미가 여러 가지로 나뉘어 쓰인다는 점에서 동음이의어와 차이가 있습니다.

다의어 사전

머리
① 동물의 목 윗부분.
② 사고하고 판단하는 지적인 능력.
예) 지민이는 뛰어난 머리를 가지고 있다.
③ 머리에 난 털.
예) 승연이는 머리를 감았다.

아침
① 날이 샐 무렵부터 오전 중간쯤까지의 동안.
예) 아침 일찍 일어났다.
② 오전에 먹는 끼니.
예) 아침을 안 먹었더니 배고프다.

가위
① 옷감을 베거나 종이를 오리는 데 쓰는 쇠로 만든 기구.
② 집게손가락과 가운뎃손가락이나 집게손가락과 엄지손가락을 벌려 내민 동작.
예) 가위바위보!

모으다
① 나뉘거나 흩어져 있는 것을 한곳에 합치다.
예) 낙엽을 모으다.
② 돈이나 재물을 써 버리지 않고 축적하다.
③ 여러 사람을 한곳에 오게 하다.
예) 회원을 모으다.

1. 보기 에서 밑줄 친 곳에 공통으로 들어갈 낱말을 찾아 빈칸에 써 봅시다.

보기 손 머리 어깨 팔 코 입

- ______ 을 들어 발표하세요.
- 이번 일에는 많은 사람의 ______ 이 필요하다.
- ______ 에 반지를 꼈어요.

- 승희는 동생의 ______ 를 쥐어박았다.
- 목욕을 하면서 ______ 를 감았다.
- 칠수는 ______ 가 좋아서 수학을 잘한다.

- ______ 이 많아서 만두가 네 접시는 있어야 해.
- 정훈이는 ______ 이 거칠다.
- 내 ______ 에 뭐가 묻었니?

다의어는 두 가지 이상의 뜻을 가졌어요. 그 뜻에 서로 공통된 부분이 있으면 다의어, 공통된 부분이 없으면 동음이의어입니다.

2. 다음 중 밑줄 친 낱말의 뜻이 나머지 셋과 다른 것을 골라 √표를 해 봅시다.

보기

먹다

- 점심 때 삼겹살을 먹었다. ☐
- 귀가 먹어서 보청기를 낀다. √
- 된장찌개를 맛있게 먹었다. ☐
- 물을 한 잔 먹다. ☐

1)

가위

- 가위로 종이를 오렸다. ☐
- 엿장수가 가위로 엿을 깬다. ☐
- 친구들과 가위바위보를 했다. ☐
- 냉면을 가위로 잘라서 먹었다. ☐

2)

맡다

- 꽃의 향기를 맡으며 걸으니 기분이 좋다. ☐
- 범인이 냄새를 맡기 전에 사건을 해결해야 한다. ☐
- 짜장면 냄새를 맡으니 침이 절로 고인다. ☐
- 냄새를 맡으니 음식이 상했다. ☐

3)

아침

- 내일부터 아침에 운동할 거야. ☐
- 아침을 먹으면 하루 종일 기운이 난다. ☐
- 어제 아침부터 배가 아팠다. ☐
- 해는 아침에 뜬다. ☐

1. 낱말의 여러 가지 뜻 중에서 문장에서 쓰인 뜻과 같은 것을 골라 기호를 쓰세요.

1)

발	㉠ 사람이나 동물이 땅을 디디는 구실을 하는 다리 맨 끝의 편평한 부분. ㉡ 다리를 번갈아 옮겨 걷는 동작, 걸음을 이르는 말. ㉢ 어떤 물건의 밑에서 그것을 받치는 비교적 짧고 편평한 부분.

- 이 책상은 발이 맞지 않아서 항상 오른쪽으로 기운다. ☐
- 저 선수는 발이 참 빨라요. ☐
- 아빠와 나는 발 모양이 닮았다. ☐

2)

길	㉠ 어떤 곳에서 다른 곳으로 움직일 수 있도록 땅 위에 낸 공간. ㉡ 어떤 행동이 끝나자마자 즉시. ㉢ 어떤 일을 해결하기 위한 계획이나 방법.

- 그것만이 문제를 해결할 수 있는 유일한 길이다. ☐
- 학교 가는 길에 나뭇잎이 떨어져 있었다. ☐
- 학교에서 끝나는 길로 바로 오너라. ☐

3)

넣다	㉠ 정해진 공간 속으로 들게 하다. ㉡ 다른 것에 섞거나 타다. ㉢ 어떤 단체나 학교, 직장 따위에 구성원으로 들어가게 하다.

- 영수는 책상 위의 물건을 모두 한 바구니에 넣었다. ☐
- 감자를 삶을 때 소금을 약간 넣어 주세요. ☐
- 자리가 생기면 꼭 수영반에 넣어 달라고 부탁했다. ☐

4)

잡다	㉠ 손으로 움켜쥐고 놓지 않다. ㉡ 사람을 떠나지 못하게 말리다. ㉢ 자동차 따위를 타기 위해서 세우다.

- 약속에 늦었으니 어서 택시를 잡자. ☐
- 영희는 가려는 민수를 잡고 더 놀자고 했다. ☐
- 아빠는 밧줄을 잡고 산을 올라가셨다. ☐

1. 어떤 낱말을 설명한 것인지  에서 알맞은 낱말을 찾아 빈칸에 써 봅시다.

㉠ 여럿을 한데 합치다.
㉡ 재물을 쓰지 않고 쌓아 두다.
㉢ 한곳에 집중하다.
㉣ 관심이나 흥미를 끌다.

보기: 이루다 / 좋다 / 나누다 / 모으다

㉠ 필요 없는 물건을 내던지다.
㉡ 사람을 돌보지 않다.
㉢ 쓰지 못하게 망치다.
㉣ 가족이나 고향을 떠나다.

보기: 바라다 / 버리다 / 갖다 / 좋아하다

㉠ 무게가 적게 나가다.
㉡ 행동이 침착하지 못하다.
㉢ 책임 따위가 낮거나 적다.
㉣ 병이나 상처 따위가 그다지 심하지 않다.

보기: 아끼다 / 노려보다 / 가볍다 / 비슷하다

2. 밑줄 친 낱말의 뜻이 같은 것끼리 선으로 이어 봅시다.

1)

오늘은 너무 추워서 귀가 시리다. •	• 저 사람의 말은 귀 기울일 필요가 없습니다.
냄비 양쪽 귀의 위치가 다르다. •	• 이 그림의 토끼는 귀가 무척 길다.
홈 쇼핑을 보니 사고 싶은 마음에 귀가 솔깃하다. •	• 널빤지의 네 귀가 깔끔하다.

2)

방바닥에 떨어진 휴지를 모으느라 정신이 없다. •	• 갈퀴로 낙엽을 모아 태웠다.
탈춤반에서 회원을 모읍니다. •	• 평생 모은 돈을 어려운 이웃에게 기부하였다.
용돈을 쓰지 않고 모으는 중이야. •	• 내일 저희 가게에서 일할 사람을 모으고 있습니다.

1. 다음 만화를 잘 읽고 문제를 풀어 봅시다.

1
안과

2
현욱아, 눈이 몇이니?
내 눈은 두 개인데.

3
아니, 눈이 얼마냐고.
원실아, 난 눈 안 팔아!

4
내 말은 네 눈이 좋으냐 나쁘냐를 묻는 거야.
글쎄, 내 눈은 그렇게 나쁜 일을 한 적이 없는 거 같은데.

1) 만화 2 에서 현욱이가 말한 '눈'과 같은 뜻으로 쓰인 문장을 골라 봅시다.

① 아침에 세수를 하니 눈에 묻은 눈꼽이 빠졌다.
② 세상은 긍정적인 눈으로 봐야 해.
③ 삼촌은 여자를 보는 눈이 높다.
④ 다른 사람의 눈도 생각해야지.

2) 원실이가 묻고 있는 '눈'의 뜻으로 알맞은 것을 골라 봅시다.

① 물체를 볼 수 있는 감각 기관
② 시력
③ 사물을 보고 판단하는 힘
④ 다른 사람의 눈길

5단원

의성어 · 의태어

의성어는 소리를 흉내 내는 말, 의태어는 모양이나 행동을 흉내 내는 말입니다. 의성어 • 의태어를 사용하면 더 생동감 있는 표현을 할 수 있습니다.

의성어 사전

어흥
동물원에 있는 호랑이가 어흥 하고 무섭게 웁니다.

철썩철썩
바다에 파도가 철썩철썩 칩니다.

아삭아삭
사과를 아삭아삭 베어 먹습니다.

똑똑
교실 문을 똑똑 하고 두드렸습니다.

따르릉
집에 있는 전화가 따르릉 하고 울립니다.

까악까악
까마귀가 까악까악 웁니다.

의태어 사전

아장아장
아기가 아장아장 걷습니다.

엉금엉금
거북이가 길을 엉금엉금 기어갑니다.

데굴데굴
공이 데굴데굴 굴러갑니다.

번쩍
갑자기 하늘에서 번개가 번쩍 쳤습니다.

살랑살랑
강아지가 꼬리를 살랑살랑 흔듭니다.

어슬렁어슬렁
옆집 아저씨가 주변을 어슬렁어슬렁 돌아다닙니다.

1. 그림을 보고 어울리는 흉내 내는 말에 ○표를 해 봅시다.

바람이

솔솔
헐레벌떡

새가

기웃기웃
깜빡깜빡

나비가

팔랑팔랑
우르르

물방울이

또르르
쏴

개구리가

폴짝폴짝
너울너울

개구리가

개굴개굴
멍멍

개구리가 뛰는 모습을 흉내 내는 말이 의태어이고, 개구리 울음소리를 흉내 내는 말이 의성어입니다.

2. 보기 에서 그림과 어울리는 제목을 찾아 빈칸에 써 봅시다.

보기 엉금엉금 우수수 하하 쿨쿨 펄펄 깡충깡충

1. 보기 에서 그림에 알맞은 흉내 내는 말을 찾아 써 봅시다.

보기					
살랑살랑	뻘뻘	모락모락	반짝반짝	훨훨	번쩍
뒤뚱뒤뚱	아장아장	데굴데굴	헐레벌떡	고슬고슬	

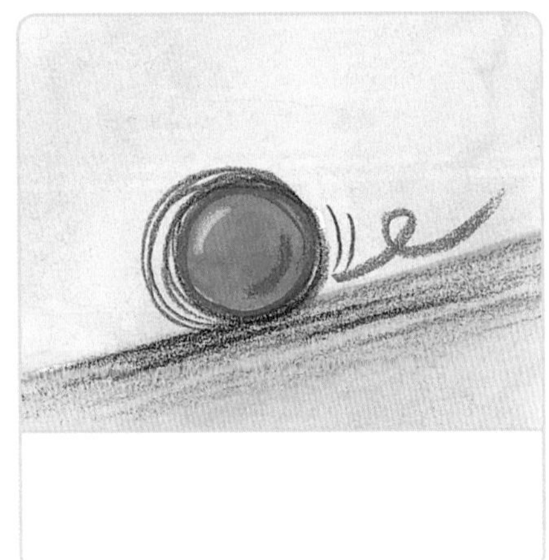

2. 흉내 내는 말이 어색한 문장을 골라 ○표를 하고, 보기 에서 알맞은 낱말을 찾아 바꿔 써 봅시다.

보기	꼬불꼬불	뻘뻘	데굴데굴	뒤뚱뒤뚱

1)

① 겨울이 오자 눈이 펄펄 내렸다.

② 영은이네 할머니 댁으로 가는 산길은 훨훨 이어진다.

③ 할아버지가 느릿느릿 걸어오신다.

→

2)

① 구름이 뭉게뭉게 피어오른다.

② 한참을 뛰었더니 온몸에 땀이 철썩철썩 난다.

③ 날이 어두워지자 호랑이가 어슬렁어슬렁 숲에서 나왔다.

→

3)

① 오리가 데굴데굴 걷는다.

② 가을이 되니 감나무에 감이 대롱대롱 매달려 있다.

③ 막 잠에서 깬 아기의 눈동자가 초롱초롱하다.

→

1. 보기 에서 그림에 알맞은 소리를 흉내 내는 말을 찾아 써 봅시다.

보기
멍멍 우당탕 야옹 졸졸 어흥 꼬르륵
철썩철썩 똑똑 보글보글 삐악삐악 쨍그랑

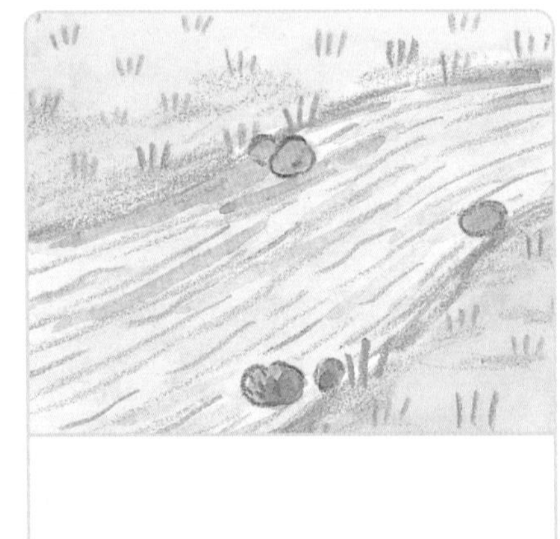

2. 소리를 흉내 내는 말이 어색한 문장을 골라 ○표를 하고, 보기 에서 알맞은 낱말을 찾아 바꿔 써 봅시다.

1)

① 아빠가 따르릉 코 고는 소리에 잠을 깼어요.

② 전봇대 위에 참새가 짹짹 웁니다.

③ 소가 나를 보며 반갑게 음매 하고 웁니다.

→

2)

① 찌개가 보글보글 끓고 있어요.

② 선생님께서 사진을 쨍그랑 찍습니다.

③ 빗발이 후드득하고 굵어져 원두막으로 피했다.

→

3)

① 배고픈 준현이는 국수를 맛있게 후루룩 먹습니다.

② 자전거의 종이 딸랑딸랑 울립니다.

③ 뽀드득 버스가 출발합니다.

→

1. 보기 와 같이 글을 읽고, 소리를 흉내 내는 말과 모습을 흉내 내는 말을 써 봅시다.

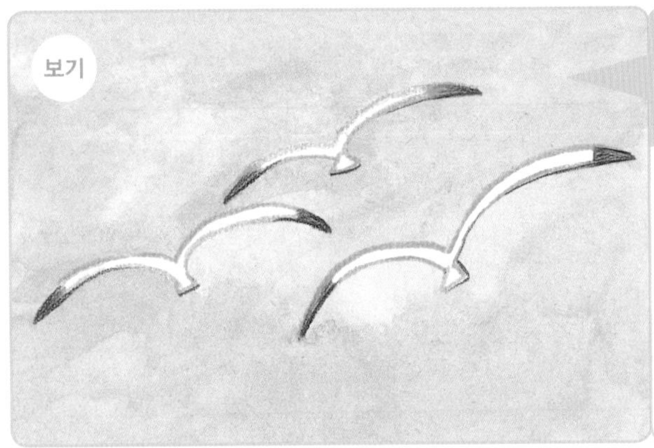

새가 끼룩끼룩 울며 훨훨 날아갑니다.

• 소리: 끼룩끼룩
• 모습: 훨훨

1)

동물원에 호랑이가 어흥 하며 울고, 하마는 싱글벙글 웃고 있어요. 토끼는 깡충깡충 뛰고, 그 모습을 본 까마귀는 까악까악 소리치네요.

• 소리: ____________________
• 모습: ____________________

2)

민영이 배에서 꼬르륵 소리가 났다. 그래서 허겁지겁 냉장고 문을 열고 오이를 꺼내 덥석 베어 물었다. 아삭아삭 참 맛있었다.

• 소리: ____________________
• 모습: ____________________

6 단원

합성어

두 개 이상의 낱말이 각각의 뜻을 살려 합쳐진 낱말입니다. 새로운 낱말을 만들 때 합성어의 특징을 많이 이용합니다.

합성어 사전

밤– 저녁부터 새벽 사이.
낮– 해가 뜰 때부터 질 때까지의 동안.
밤+낮=밤낮: 밤이나 낮이나. 늘, 언제나.

손– 사람의 양쪽 팔 끝에 있어서 물건을 만지고 붙잡고 하는 부분.
수건– 손, 얼굴, 몸 따위를 닦기 위해 너비보다 길이를 길게 만든 헝겊 조각.
손+수건=손수건: 땀이나 코를 닦는 작은 헝겊.

오리– 부리가 넓적하며, 다리가 짧은 가축의 하나.
걸음– 두 발을 번갈아 움직여 옮기는 것.
오리+걸음=오리걸음: 오리처럼 뒤뚱거리며 걷는 걸음걸이.

칼– 날카로운 날에 자루가 달린, 물건을 베는 연장.
국수– 밀가루나 메밀가루를 반죽하여 얇게 밀어서 가늘게 썰거나 국수틀로 가늘게 뺀 식품.
칼+국수=칼국수: 밀가루를 반죽하여 방망이로 얇게 민 다음 칼로 가늘게 썰어서 만든 국수.

1. 정사각형이 되도록 블록을 선으로 이은 다음, 빈칸에 낱말을 합쳐 써 봅시다.

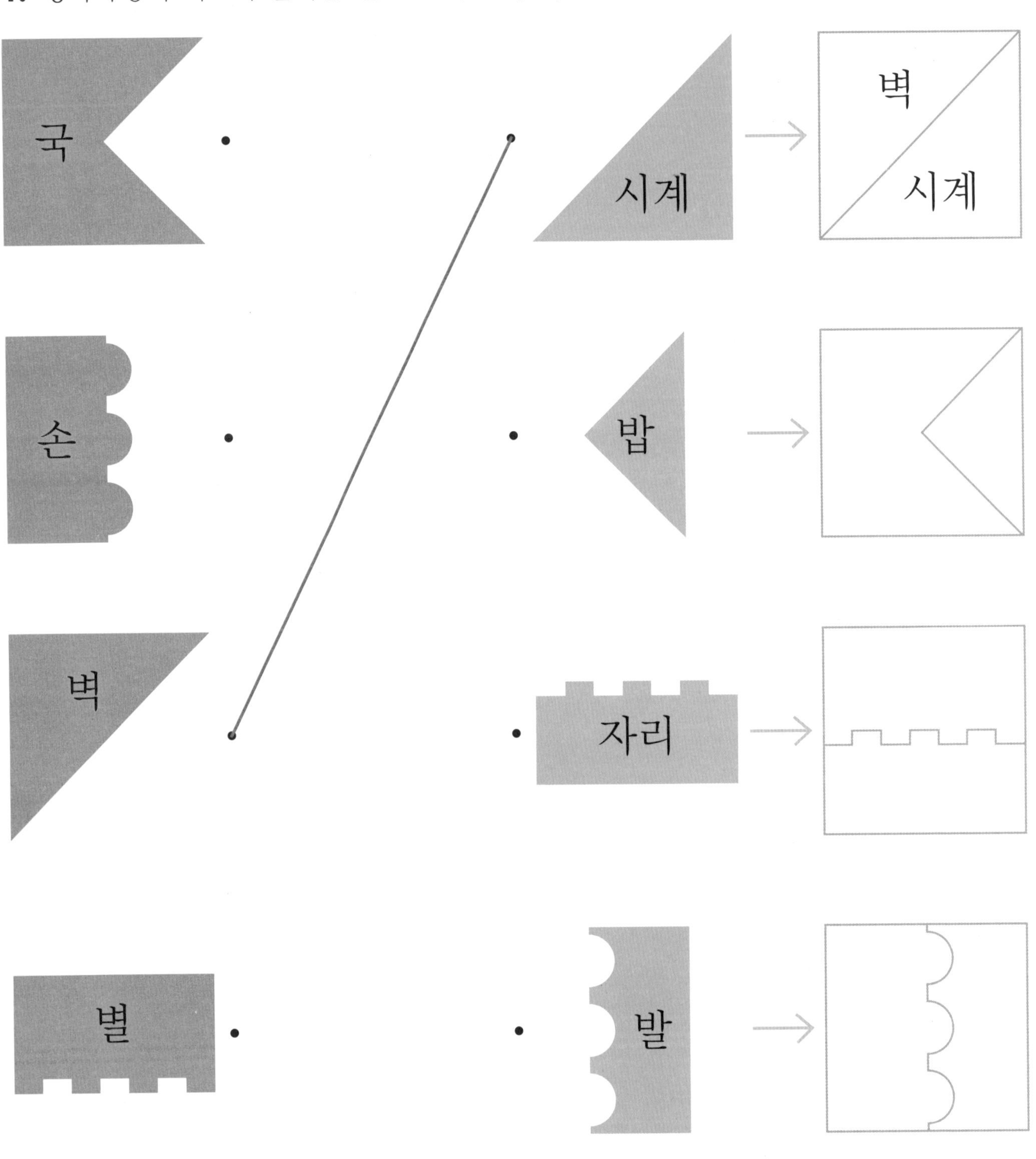

'벽시계'에서 '벽'과 '시계'는 각각의 뜻을 그대로 가지고 합쳐져 '벽에 걸린 시계'라는 뜻이 되었습니다.

2.  와 같이 문제를 풀어 봅시다.

보기

이것은 **나무.**
나무, 나무, 무슨 나무?

사과가 열리는

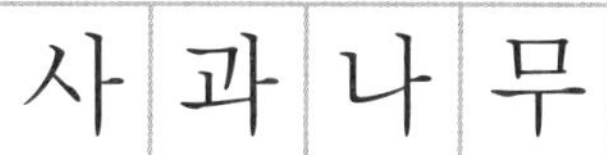

.

포도가 열리는

포	도	나	무

.

1)

이것은 **신.**
신, 신, 무슨 신?

고무로 만들면

.

짚으로 만들면

.

2)

이것은 **걸음.**

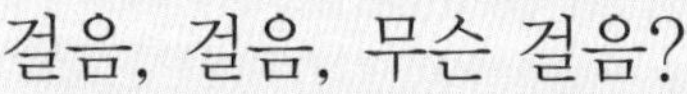

오리가 걷는 것 같으면

.

게가 걷는 것 같으면

.

1. 합쳐진 낱말을 보기 와 같이 나누어 써 봅시다.

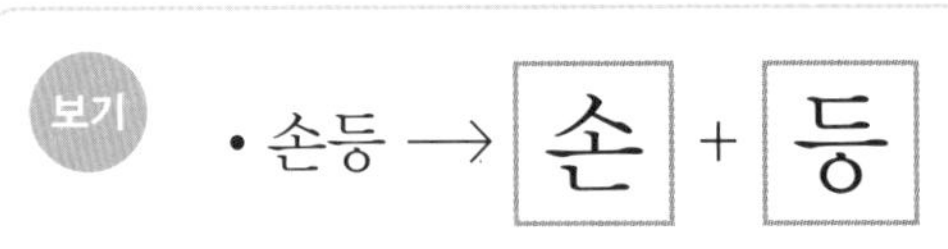

1) 손과 합쳐진 낱말을 나누어 써 봅시다.

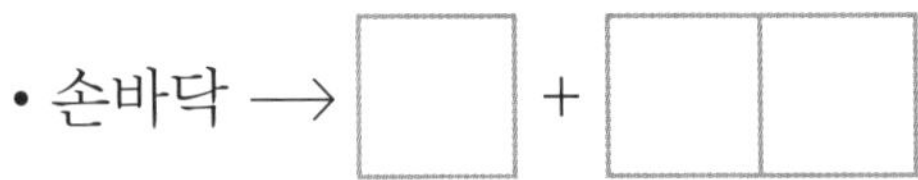

• 손가락 → ☐ + ☐☐

• 손수건 → ☐ + ☐☐

2) 발과 합쳐진 낱말을 나누어 써 봅시다.

• 발바닥 → ☐ + ☐☐

• 발가락 → ☐ + ☐☐

• 발수건 → ☐ + ☐☐

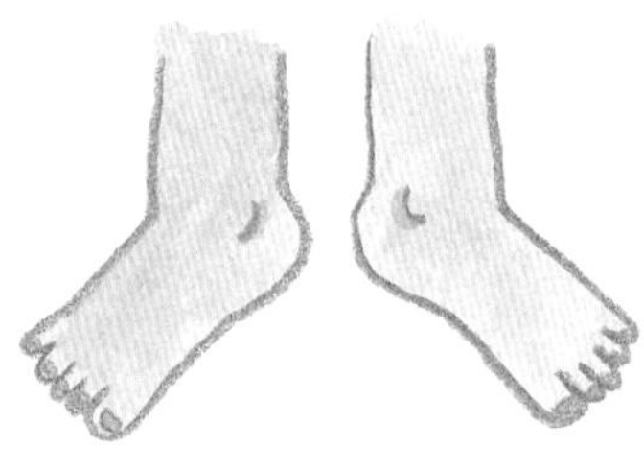

3) 입과 합쳐진 낱말을 나누어 써 봅시다.

• 입맛 → ☐ + ☐

• 입꼬리 → ☐ + ☐☐

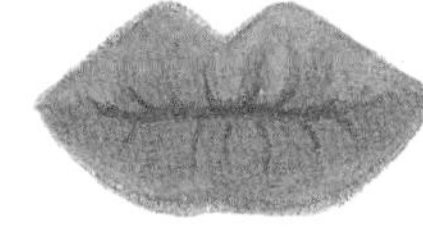

2. 두 개의 낱말이 합쳐진 낱말을 따라가며 미로를 풀어 봅시다.

1. 다음 중 두 낱말이 합쳐진 낱말로만 연결된 것을 골라 ∨표를 해 봅시다.

장난감 – 여름옷	☐	아빠 – 엄마	☐
소고기 – 김치찌개	☐	직업 – 버스	☐
감나무 – 붕어빵	☐	천둥 – 번개	☐
강아지 – 학교	☐	칼국수 – 책가방	☐

2. 빈칸에 합쳐진 낱말을 쓰고, 그 뜻으로 알맞은 것을 골라 ○표를 해 봅시다.

1) 영수를 축구를 잘하기 위해서

피 + 땀 → ☐☐ 을 흘렸다.

① 평화 ② 바다 ③ 노력 ④ 포기

2) 희진이는 노래를

밤 + 낮 → ☐☐ 으로 불렀다.

① 항상 ② 가끔 ③ 쉬엄쉬엄 ④ 어쩌다

3. 다음 글에서 둘 이상의 낱말이 합쳐진 낱말을 찾아 ○표를 해 봅시다.

오늘은 아빠와 함께 돼지고기를 먹으러 갔다. 여러 가지 반찬이 많았는데 그중에서도 내가 가장 좋아하는 반찬인 콩나물이 나와서 무척 좋았다. 나중에 밥과 된장찌개가 나왔지만 너무 배가 불러서 먹지 못했다. 나중에 엄마와는 소고기를 먹으러 가고 싶다.

4. 보기 에서 알맞은 글자를 찾아 문장을 완성해 봅시다.

보기 따개 가방 벌레 옷 수건 신

① 땀이 너무 많이 흘러 손 (으)로 닦았다.

② 아빠는 어렸을때 고무 (을)를 신었다고 한다.

③ 저 멀리서 무당 (이)가 날아온다.

④ 목이 마르니 병 (을)를 가져오렴.

1. 보기 에서 알맞은 낱말을 찾아 끝말잇기를 해 봅시다.

보기 가죽신 등불 콩나물 물고기 발바닥 무당벌레 불고기

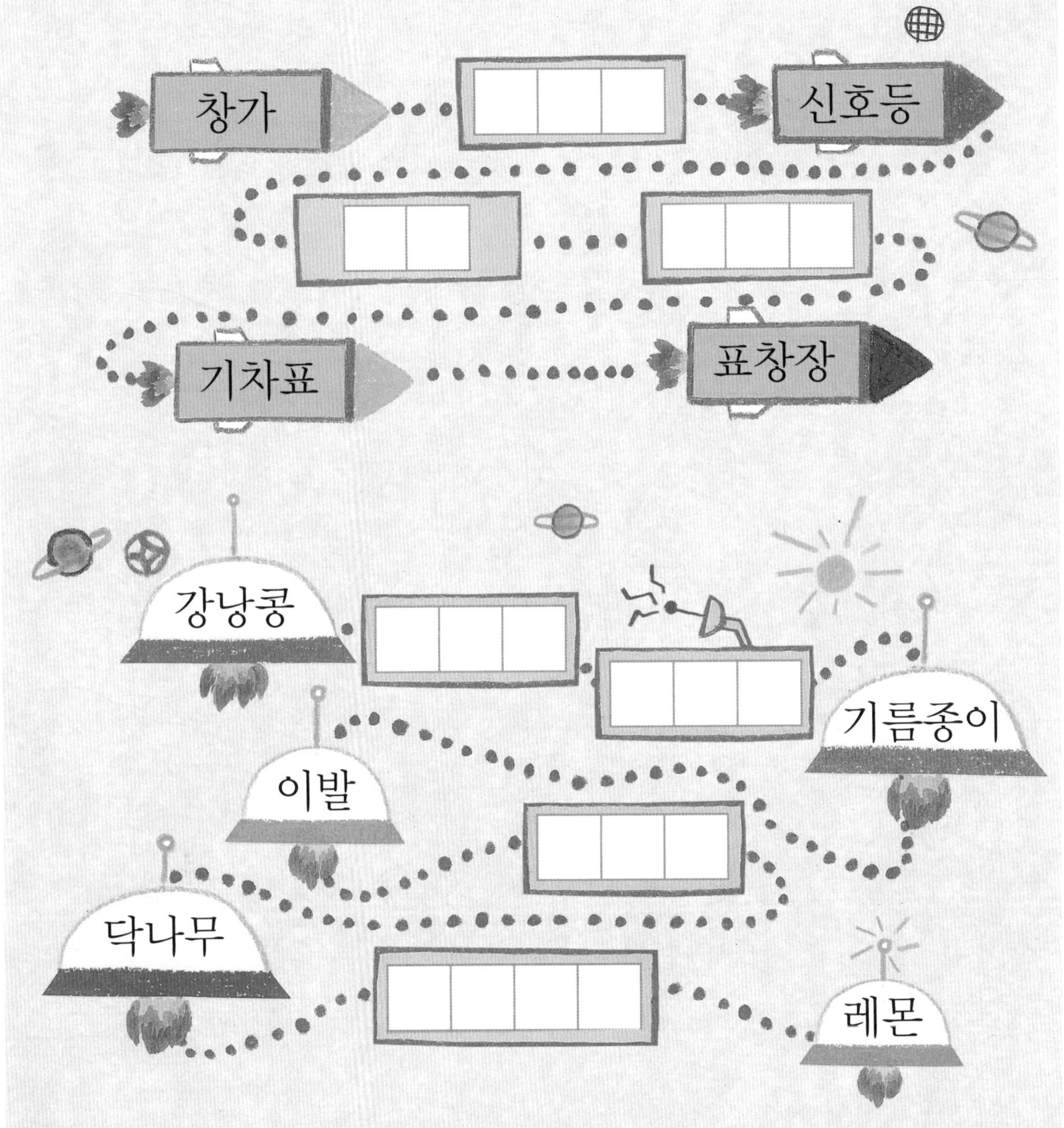

창가 → □□□ → 신호등 → □□ → □□□ → 기차표 → 표창장

강낭콩 → □□□ → □□□ → 기름종이 → 이발 → □□□ → 닥나무 → □□□□ → 레몬

7 단원

파생어

파생어는 혼자 쓰일 수 없는 낱말과 혼자서 쓰일 수 있는, 뜻을 가진 낱말이 합쳐진 낱말입니다. 혼자 쓰일 수 없는 낱말은 뜻을 가진 낱말의 앞이나 뒤에 붙어 낱말의 뜻을 더 상세하게 만듭니다.

파생어 사전

'풋–'
풋+고추: 풋고추 → 빛이 푸르고 아직 덜 익은 고추.
풋+사과: 풋사과 → 아직 덜 익은 사과.
풋+콩: 풋콩 → 깍지 속에 들어 있어서 아직 덜 여문 콩.

'맨–'
맨+주먹: 맨주먹 → 장갑 따위로 감싸거나 다른 것을 걸치지 않은 있는 그대로의 주먹.
맨+손: 맨손 → 아무것도 끼거나 걸치지 않은 그대로의 손.
맨+발: 맨발 → 양말이나 신을 신지 않은 발.

'–님'
부모+님: 부모님 → 부모를 높여 부르는 말.
선생+님: 선생님 → 선생을 높여 부르는 말.
임금+님: 임금님 → 임금을 높여 부르는 말.

'–꾼'
나무+꾼: 나무꾼 → 땔감으로 쓰이는 나무를 베거나 줍는 일을 하는 사람.
사기+꾼: 사기꾼 → 남을 속여 이득을 꾀하는 사람.
일+꾼: 일꾼 → 돈을 받고 남의 일을 하는 사람.

1. '풋-'의 뜻을 알아보고, 다른 낱말과 합쳐진 새로운 낱말을 빈칸에 써 봅시다.

풋-: '처음 나온', '덜 익은'을 뜻함.

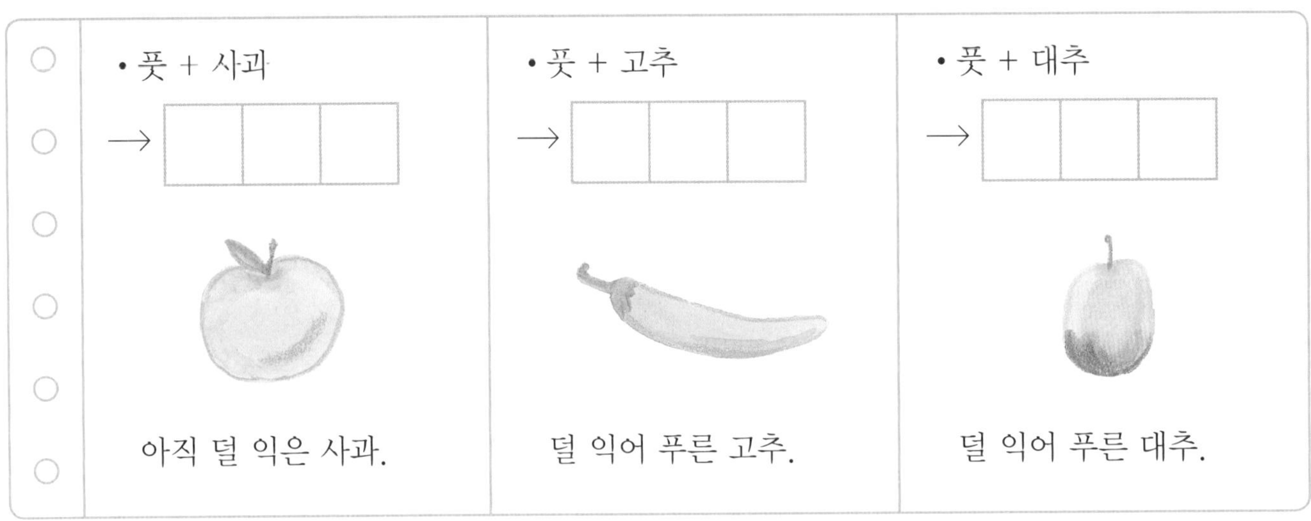

2. '맨-'의 뜻을 알아보고, 다른 낱말과 합쳐진 새로운 낱말을 빈칸에 써 봅시다.

맨-: '다른 것이 없는'을 뜻함.

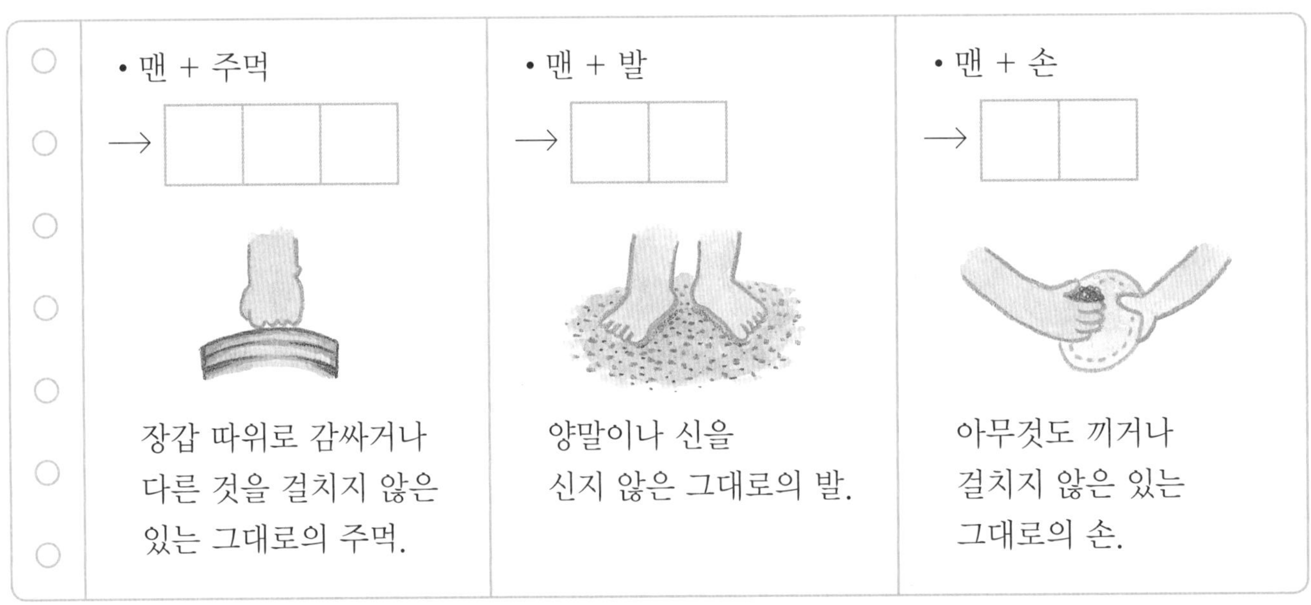

'풋-'이나 '맨-'은 혼자서 쓰일 수 없지만, 뜻이 있는 낱말과 결합하여 그 뜻을 더 상세하게 만들어 줍니다.

3. 다음 낱말을 보기 와 같이 나누어 써 봅시다.

- 맏아들: 둘 이상의 아들 가운데 맏이인 아들

맏 —: 그중에서 순서가 가장 앞인 + 아 들

1) 헛고생: 아무 보람도 없이 쓸데없이 고생을 함.

☐ —: 쓸데없는, 보람이 없는 + ☐☐

2) 찰옥수수: 찰기가 있는 옥수수.

☐ —: 끈기가 있고 차진 +

3) 날고기: 말리거나 익히거나 하지 않은 고기.

☐ —: 말리거나 익히거나 하지 않은 +

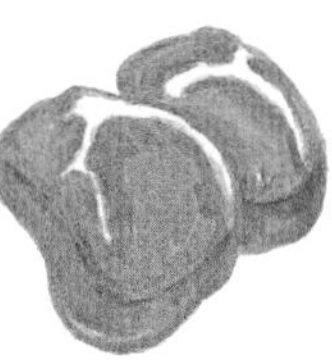

4) 개떡: 곡식 가루 따위를 반죽하여 아무렇게나 만들어 찐 떡.

☐ —: 질이 떨어지는 + ☐

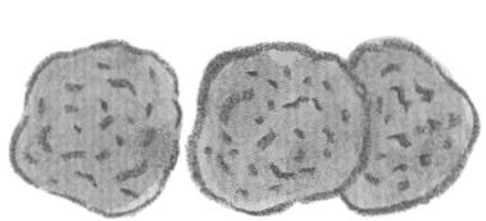

1. '애–', '민–', '찰–'과 합칠 수 있는 낱말을 찾아 선으로 이어 봅시다. 그런 다음 완성된 낱말에 알맞은 그림도 이어 봅시다.

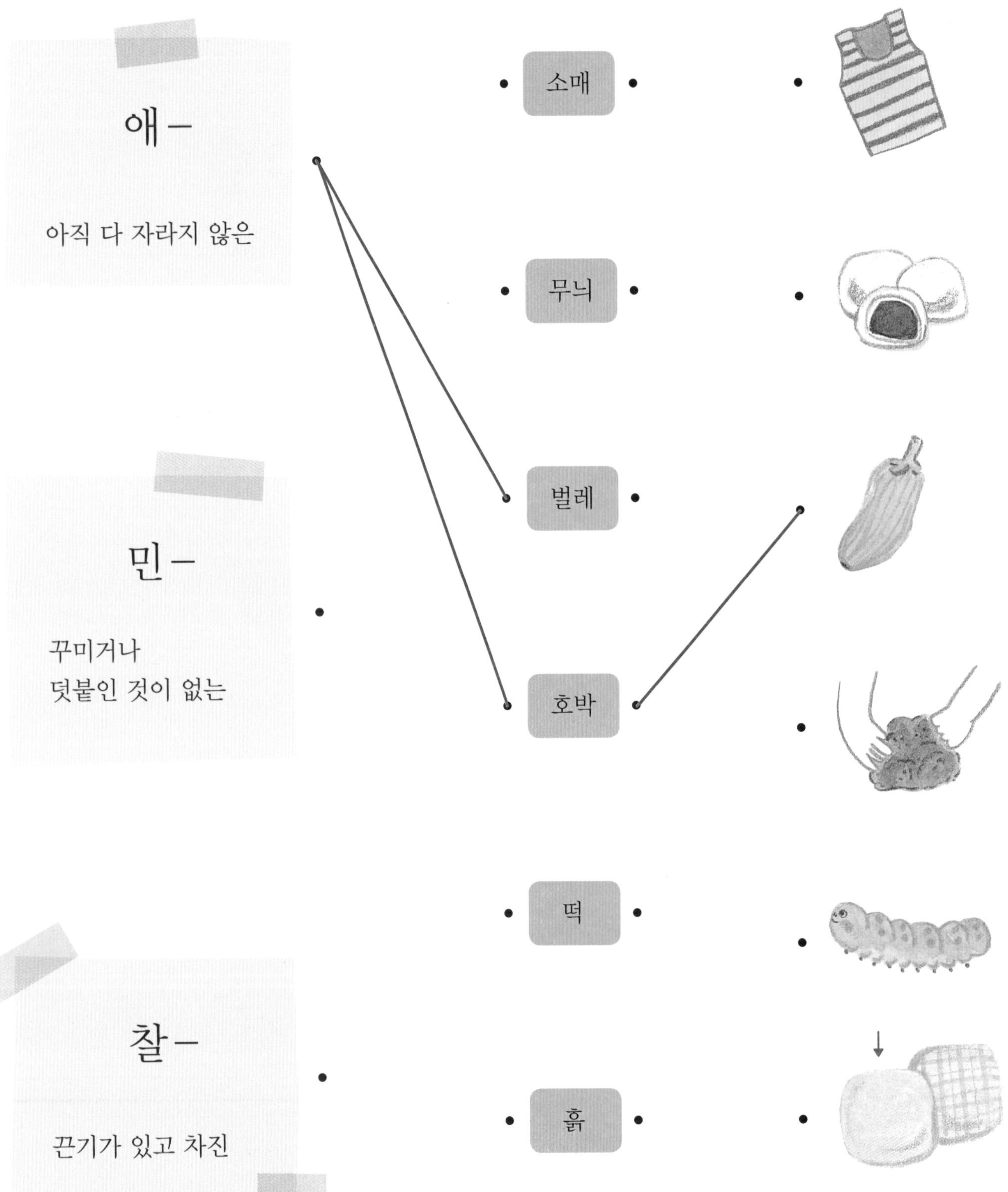

2. 연결된 두 카드의 낱말을 합쳐 알맞은 뜻풀이 옆에 써 봅시다.

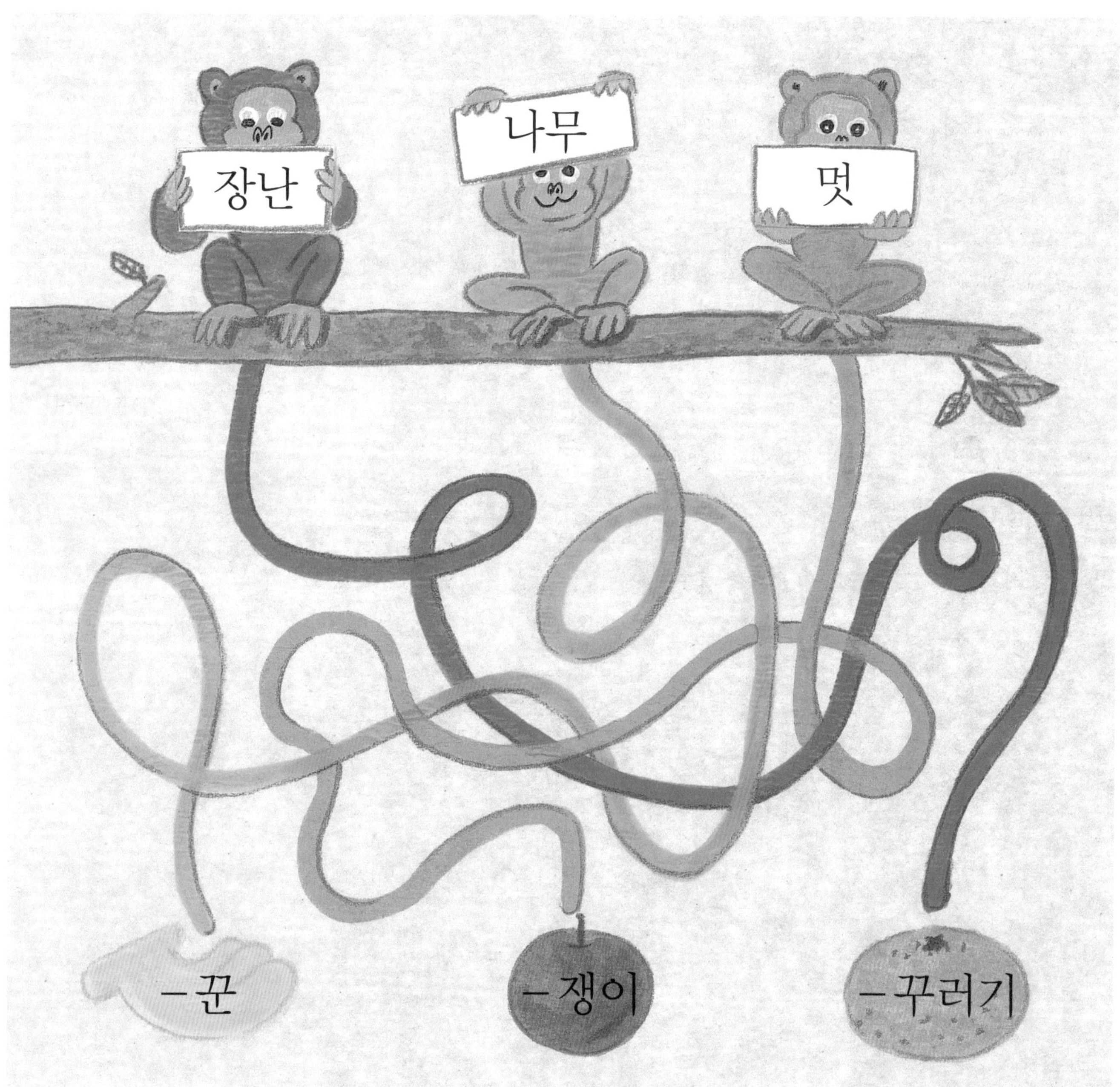

• 장난이 심한 아이 또는 그런 사람: ______

• 땔나무를 하는 사람: ______

• 멋있거나 멋을 잘 부리는 사람: ______

1. 다음 낱말에 공통으로 들어 있는 말을 찾아 빈칸에 쓰고, 그 뜻으로 알맞은 것에 ○표를 해 봅시다.

1)

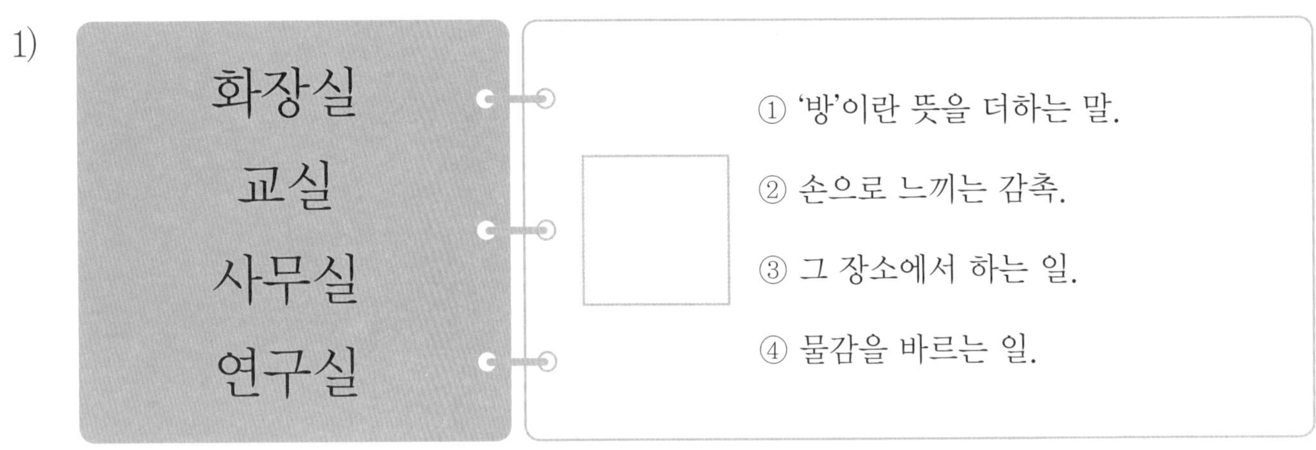

화장실
교실
사무실
연구실

① '방'이란 뜻을 더하는 말.
② 손으로 느끼는 감촉.
③ 그 장소에서 하는 일.
④ 물감을 바르는 일.

2)

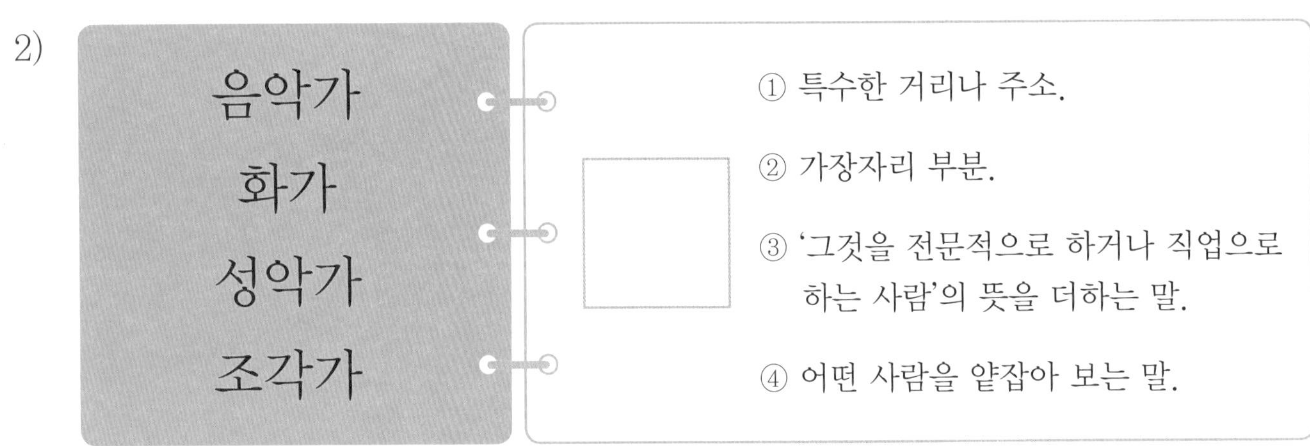

음악가
화가
성악가
조각가

① 특수한 거리나 주소.
② 가장자리 부분.
③ '그것을 전문적으로 하거나 직업으로 하는 사람'의 뜻을 더하는 말.
④ 어떤 사람을 얕잡아 보는 말.

3)

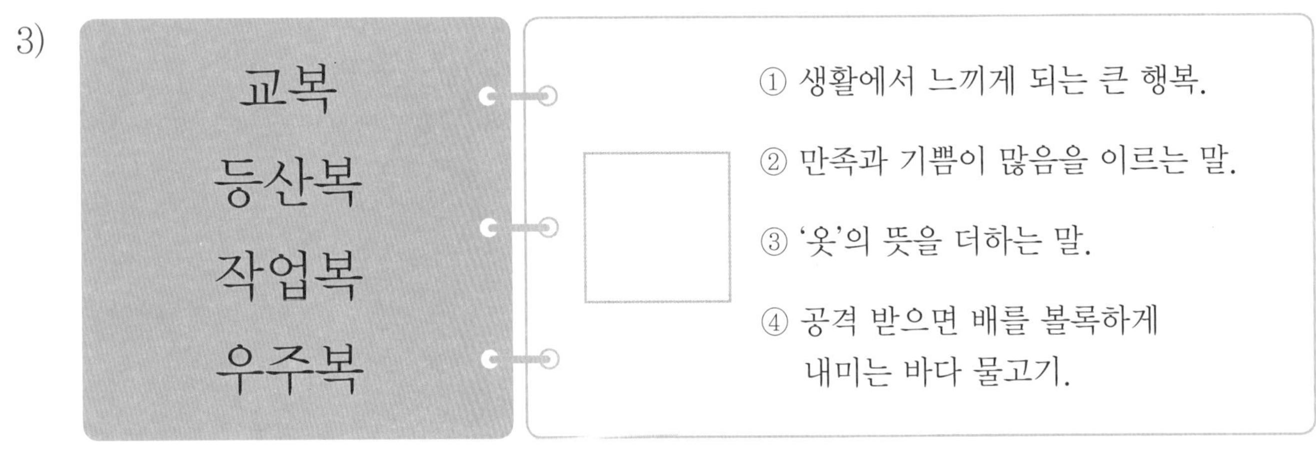

교복
등산복
작업복
우주복

① 생활에서 느끼게 되는 큰 행복.
② 만족과 기쁨이 많음을 이르는 말.
③ '옷'의 뜻을 더하는 말.
④ 공격 받으면 배를 볼록하게 내미는 바다 물고기.

2. 지원이가 식구들의 별명을 짓습니다. 식구들의 특징을 잘 살펴보고, 보기 와 같이 별명을 지어 빈칸에 써 봅시다.

'-보'를 붙이면 어떤 행동을 특히 잘하거나 그런 특징이 있는 사람이라는 뜻이 되지. 내가 별명을 짓는 방법이야.

아빠는 일요일에 잠만 자네. 그러면!

잠 + 보 → 잠 보

엄마는 정말 떡을 좋아해. 그러면!

떡 + 보 → ☐☐

동생은 엄마가 없으면 울어. 그러면!

울 다 + 보 → ☐☐

나는 먹는 게 가장 신나. 그러면!

먹 다 + 보 → ☐☐

1. 문장에 어울리는 낱말이 될 수 있도록 앞이나 뒤에 뜻을 제한하는 말을 붙여 낱말을 써 봅시다.

보기	찰	쟁이	막	꾼	건	햇	치

: 어제 선녀와 나무 ☐ 연극 봤어?

: 응. 정말 재밌더라.

: 내 생각에 나무 ☐ 은 욕심 ☐ 같아.

: 선녀가 너무 착해서 나무 ☐ 한테 속은 것 같구나?

: 맞아. 하지만 나중에 선녀가 떠나갔을 때는 참 슬프더라.

: 그래. 아참! 내일 미술 준비물이 뭐였지?

: ☐ 흙. 그릇을 만든다고 했어. 그런데 배고프다. 뭐 먹을 거 없니?

: 여기 ☐ 포도 있어. 말린 거라서 포도보다 훨씬 달아. 자!

: 진짜 ☐ 포도가 더 다네.

8 단원

고유어 · 한자어 · 외래어

고유어는 옛날부터 써 온 순우리말을 말합니다. 한자어는 한자를 바탕으로 만들어진 말이고, 외래어는 본래 다른 나라 말이지만 바꿀 수 있는 우리말이 없어 그대로 쓰는 말입니다. 외국어도 외국에서 들어온 말인데, 우리나라 말로 바꾸어 쓸 수 있는 말입니다.

고유어 사전

모꼬지: 여러 사람이 놀이나 잔치 따위로 모이는 일.
미리내: 은하수.
마음: 감정이나 생각, 기억 따위가 깃들이거나 생겨나는 곳.
자랑: 자신 있는 것을 남에게 드러내어 뽐냄.
하늘: 우리의 머리 위의 끝없이 푸르고 먼 공간.
땅: 우리가 사는 곳, 지구의 거죽에 흙이 쌓인 곳.

한자어 사전

모자(帽子): 머리에 쓰는 것을 통틀어 이르는 말.
우의(雨衣): 비에 젖지 않게 덧입는 옷.
식사(食事): 사람의 끼니로 음식을 먹는 일, 또는 그 음식.
불편(不便): 편리하지 못하고 거북스러움.
공부(工夫): 학문이나 기술을 배움.
내일(來日): 오늘 바로 다음에 오는 날.

외래어 사전

텔레비전(television): 전파를 이용하여, 실제 경치를 그대로 움직이는 활동사진처럼 보내서 화면에 나타나게 하는 장치.
버스(bus): 많은 사람이 함께 타는 대형 자동차.
빵(pão): 밀가루에 소금, 설탕, 버터, 효모 따위를 섞어 반죽하여 발효한 뒤에 불에 굽거나 찐 음식.
바나나(banana): 초승달 모양의 누런색 열대 과일.

1. 다음 낱말 중에서 순우리말로 만들어진 낱말은 '고유어', 한자를 바탕으로 만들어진 낱말은 '한자어', 외국에서 사용하는 말을 빌려 우리말처럼 쓰는 낱말은 '외래어'로 나누어 봅시다.

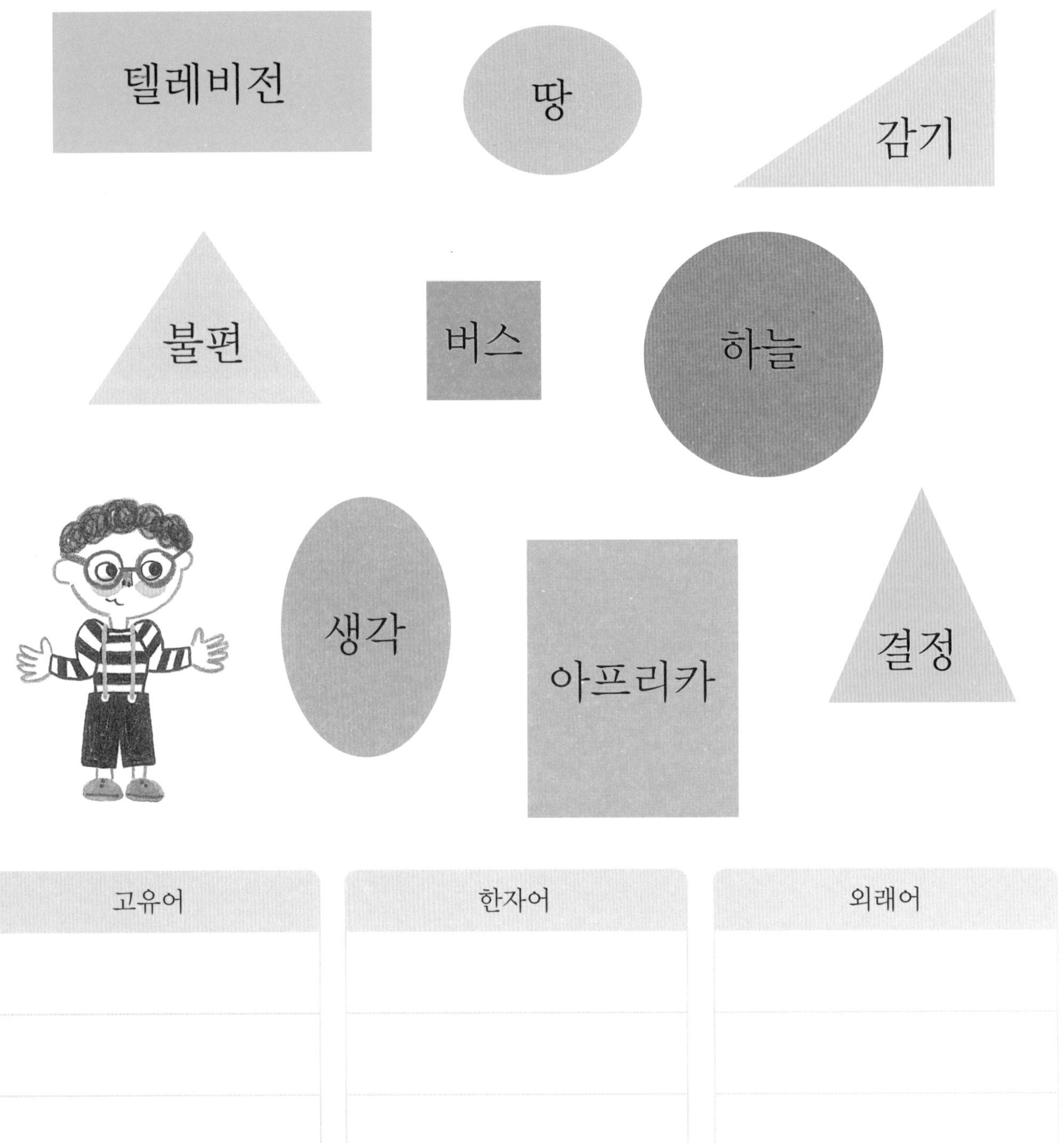

고유어	한자어	외래어

고유어는 다른 나라에는 없는 우리만의 아름다운 언어입니다.

2. 다음 낱말 중에서 고유어를 골라 ○표를 해 봅시다.

①	집	리모콘	커피	책
②	작년	학교	고양이	바나나
③	공부	바람	미용실	핸드폰
④	과자	스티커	불	코스모스

3. 다음 문장을 잘 읽고 빈칸에 알맞은 고유어를 써 봅시다.

여울: 강이나 바다에서 바닥이 얕거나 폭이 좁아 물살이 세게 흐르는 부분.

노을: 해가 뜨거나 질 때 하늘이 햇빛을 받아 붉게 보이는 것.

모꼬지: 놀이, 잔치와 같은 일로 여러 사람이 모임.

- 저기 강에 있는 ____________ 만 건너가면 됩니다.
- 내 생일 ____________ (은)는 우리 집에서 6시에 하기로 했어.
- ____________ (이)가 지는 강가를 친구와 함께 걸었습니다.

1. 가로세로 열쇠를 잘 읽고, 보기 에서 알맞은 고유어를 찾아 빈칸에 써 봅시다.

보기 오누이 달걀 이사 이불 집게 이슬비 오솔길 누리집 달팽이

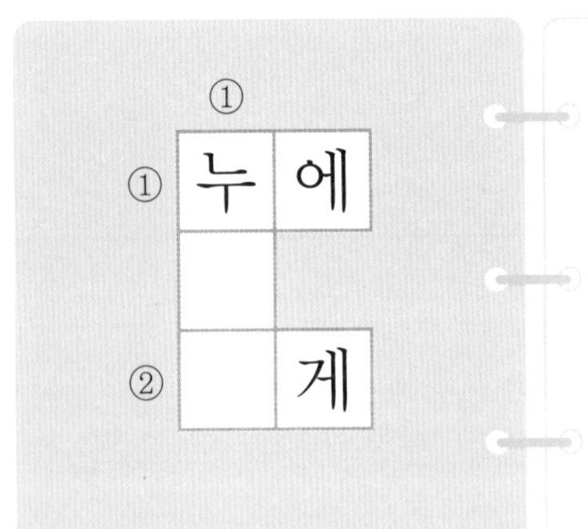

가로 열쇠

① 누에나방의 애벌레. ㅇㅇ고치

② 물건을 집는 데 쓰는 도구. 끝이 두 가닥으로 갈라져 있음.

세로 열쇠

① '인터넷 홈페이지'를 순우리말로 바꾸어 쓰는 말.

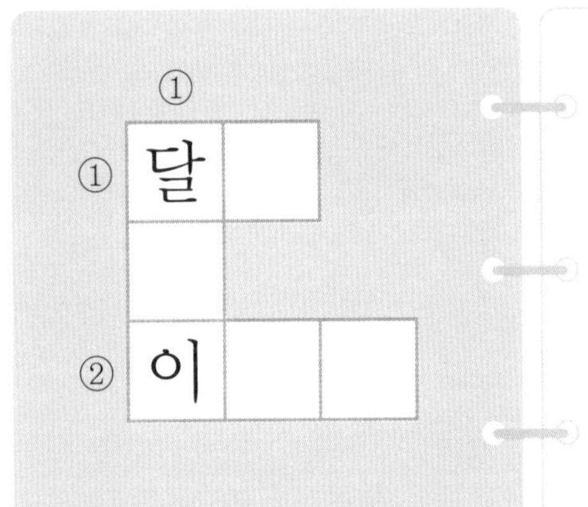

가로 열쇠

① 닭이 낳는 알. '계란'이라고도 부름.

② 아주 가늘게 내리는 비.

세로 열쇠

① 우렁이와 비슷하게 생긴 동물로, 더듬이가 두 쌍이며 등에 껍데기를 지고 다님.

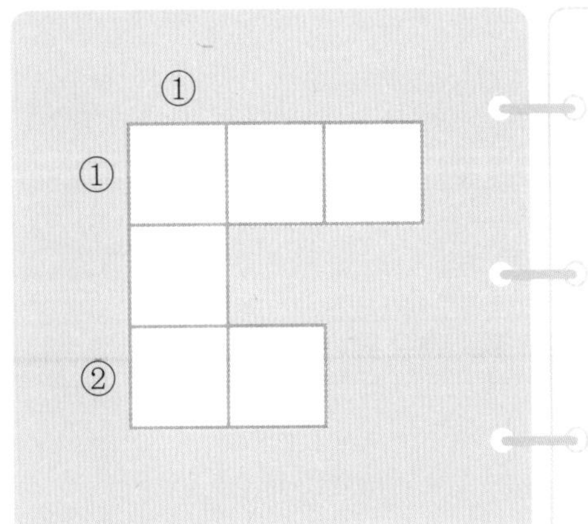

가로 열쇠

① 산이나 숲 따위에 난 폭이 좁은 호젓한 길.

② 잘 때 몸을 덮는 것. 솜을 넣기도 함.

세로 열쇠

① 남자와 여자 형제를 함께 이르는 말. '남매'라고도 함.

2. 그림에 알맞은 한자어와 고유어를 선으로 이어 봅시다.

한자어	그림	고유어
우의 •	• •	• 비옷
태양 •	•  •	• 해
감기 •	•  •	• 밥
식사 •	•  •	• 사람
인간 •	•  •	• 고뿔

2번 문제에서 서로 연결된 낱말들은 유의어이기도 합니다.

1. 보기 에서 아래 낱말을 대신할 고유어나 한자어를 찾아 빈칸에 써 봅시다. 대신할 말이 없는 낱말은 ×표를 해 봅시다.

1)

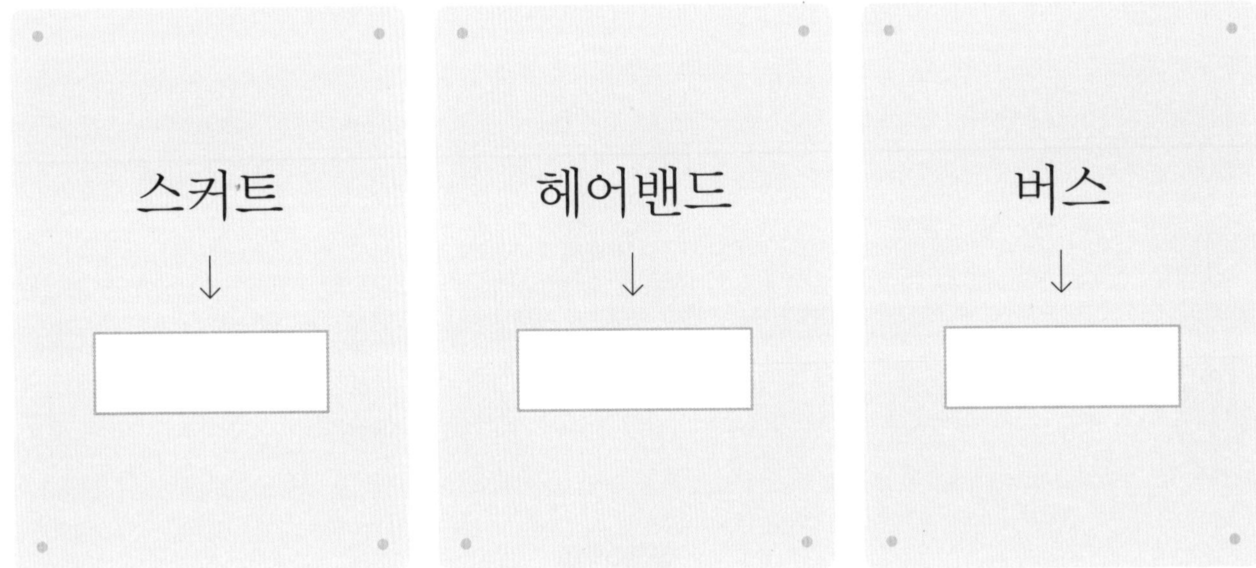

2)

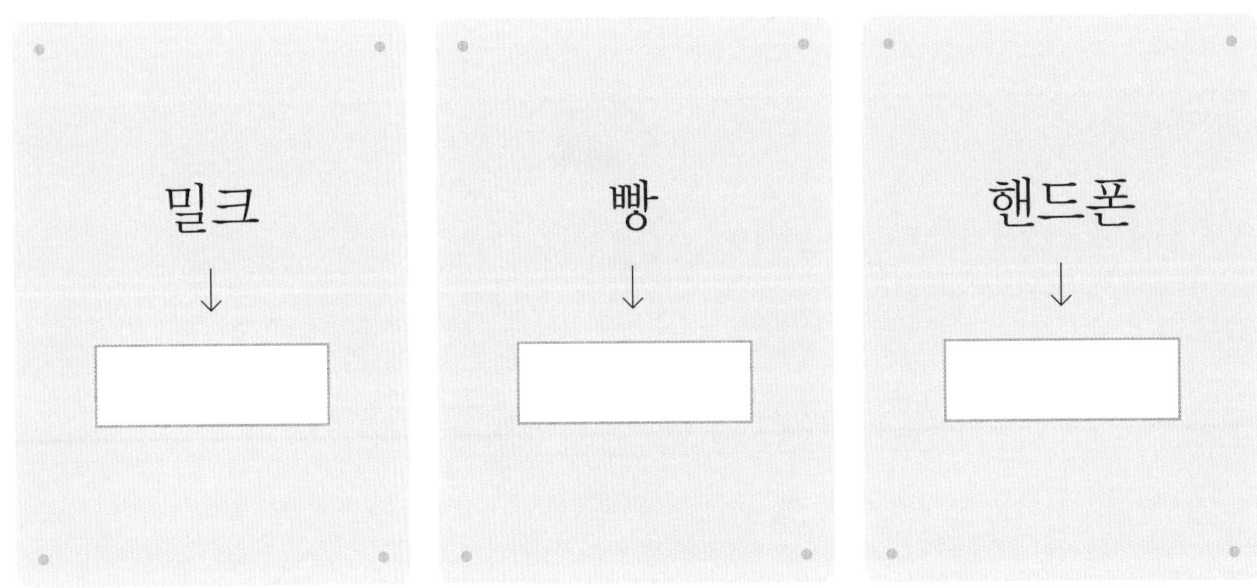

2. 보기 에서 밑줄 친 낱말을 대신할 고유어나 한자어를 써 봅시다.

보기 맞았어! 길도우미 휴대 전화 쪽지

1. 밑줄 친 낱말을 고유어, 한자어, 외래어로 나누어 써 봅시다.

안녕하세요, 여러분!

드디어 내일, 버스를 타고 모꼬지를 갑니다.

뉴스를 보니, 남풍이 불고 햇살은 따갑다고 해요.

물이나 주스를 얼려 와도 좋을 것 같아요. 그리고 모자는 꼭 챙겨서 오세요.

카메라를 가져와도 좋아요.

점심을 먹고 나서 장기 자랑을 할 거예요.

그럼, 내일 즐거운 마음으로 만나요.

고유어: ____________________

한자어: ____________________

외래어: ____________________

9 단원

관용구 · 속담

관용구는 둘 이상의 낱말이 합쳐져서 본래의 뜻과는 다른 새로운 의미를 나타내는 어구입니다. 속담은 예로부터 민간에 전해 오는 쉬운 격언이나 잠언을 말합니다. 관용구와 속담을 적절하게 사용하면 상황을 잘 표현하고 이해할 수 있습니다.

관용구 사전

발을 구르다
- 매우 안타까워하거나 다급해 하다.

입만 살다
- 행동은 하지 않으면서 말만 그럴듯하게 잘하다.

어깨가 올라가다
– 칭찬을 받아 어깨가 으쓱해진다.

손에 땀을 쥐다
– 아슬아슬하여 마음이 조마조마하도록 몹시 애가 달다.

손이 크다
– 씀씀이가 후하고 크다.

비가 오나 눈이 오나
– 어떤 고난이나 어려움이 있어도 언제나 한결같이.

속담 사전

가는 말이 고와야 오는 말이 곱다
- 자기가 남에게 말이나 행동을 좋게 하여야 남도 자기에게 좋게 한다는 말.

바늘 도둑이 소 도둑 된다
- 작은 나쁜 짓도 자꾸 하면 더 큰 죄를 저지르게 된다는 말.

고슴도치도 제 새끼가 제일 곱다고 한다.
–아무리 흉한 자식이라도 부모의 눈에는 귀엽게만 보인다는 말.

낮말은 새가 듣고 밤말은 쥐가 듣는다
– 늘 말조심해야 함을 비유적으로 이르는 말.

개구리 올챙이 적 생각 못 한다.
– 성공하고 나서 지난날의 어려웠던 때의 일은 생각하지 않고 처음부터 잘난 듯이 뽐냄을 비꼬는 말.

가재는 게 편
– 모양이나 형편이 서로 비슷한 것끼리 서로 잘 어울리고, 감싸 주기 쉬움을 이르는 말.

1. 관용구와 그 뜻으로 알맞은 것을 선으로 이어 봅시다.

귀가 얇다. •		• 절망적인 생각이 들어 어찌할 바를 모르다.
입만 살다. •		• 말은 그럴 듯하게 하지만 행동은 그렇지 못하다.
눈앞이 캄캄하다. •		• 남의 말을 쉽게 믿고 따르다.
코를 납작하게 만들다. •		• 상대방이 기를 못 펴게 만들다.

2. 보기 에서 알맞은 낱말을 찾아 자주 쓰는 표현을 완성해 빈칸에 써 봅시다.

보기 입 코 눈 턱 귀

☐ 에 자물쇠를 채우다: 입 다물고 아무 말도 하지 않는다는 뜻.

☐ (을)를 붙이다: 잠을 잔다는 뜻.

☐ 에 못이 박히다: 같은 말을 질릴 정도로 여러 번 듣는다는 뜻.

☐ (이)가 빠지다: 근심에 싸여 기가 죽고 맥이 빠진다는 뜻.

3. 다음 글을 읽고 물음에 답해 봅시다.

김연아 선수의 피겨 스케이팅 결승전은 ㉠ 손에 땀을 쥐게 했다.

부상이 ㉡ 발목을 잡았지만, 김연아 선수는 극복해 냈다.

아버지께서 한 말씀 하신다.

"김연아 선수는 ㉢ 잔뼈가 굵어서 떨지 않고 잘할 거야."

드디어 김연아 선수가 음악에 맞춰 스케이팅을 시작했다.

결과는 김연아 선수의 우승! 김연아 선수는 ㉣ 어깨를 펴고 당당히 금메달을 받았다.

관중석에 있는 여러 나라 사람들이 박수를 치고 올라가는 태극기를 보니 가슴이 뿌듯했다.

나도 모르게 ㉤ ____________.

1) ㉠~㉣의 뜻으로 잘못된 것을 골라 봅시다.

㉠ 손에 땀을 쥐다: 아슬아슬하여 마음이 조마조마하도록 몹시 애가 달다.

㉡ 발목을 잡다: 어떤 일에 꽉 잡혀서 벗어나지 못하다.

㉢ 잔뼈가 굵다: 오랜 기간 하여 그 일에 익숙하다.

㉣ 어깨를 펴다: 병이 있거나 아프다.

2) ㉤에 들어갈 표현으로 적당한 것을 골라 봅시다.

① 손이 커졌다.

② 발을 굴렀다.

③ 어깨가 올라갔다.

④ 발을 끊었다.

1. 보기 에서 밑줄 친 곳에 들어갈 표현을 찾아 써 봅시다.

보기	시치미를 뗐다	하늘을 찔렀다	바람을 넣었다	눈이 멀었다

- 이번 승리로 우리 팀의 사기는 ____________.
- 시장에서 옷을 구경하는데 주인이 옆에 와서 ____________.
- 민희는 아무 일도 없었다는 듯이 ____________.

2. 알맞은 표현에 ○표를 해 봅시다.

①

○	비가 오나 눈이 오나	아빠를 기다렸다.
○	구름이 오나 바람이 오나	

②

○	장사가 하도 안돼서	나비만 날린다.
○		파리만 날린다.

③

○	덕수는 힘이 세다고 나를	불로 본다.
○		물로 본다.

④

○	저 로봇은	불티나게	잘 팔린다.
○		물 끓듯이	

3. 보기 에서 뜻풀이에 알맞은 표현을 찾아 그 기호를 써 봅시다.

- 상대편은 생각도 안 하는데 자신의 뜻대로 될 거라고 미리 생각하는 것. ☐
- 대가나 이득이 아무것도 없음. ☐
- 실제로 한 일보다 훨씬 더 칭찬하는 일. ☐
- 속에 있는 생각을 밖으로 드러내지 못함. ☐
- 마음이 너그럽고 속이 깊음. ☐
- 가진 것이 없어 빌어먹는 신세. ☐

보기

㉠ 김칫국을 마시다. ㉡ 국물도 없다. ㉢ 골탕을 먹다. ㉣ 비행기 태우다.
㉤ 그릇이 크다. ㉥ 꿀 먹은 벙어리. ㉦ 깡통을 차다. ㉧ 미역국을 먹다.

1. 다음 만화를 잘 보고, 밑줄 친 곳에 들어갈 알맞은 표현과 뜻을 선으로 이어 봅시다.

1
내일 피구 시합 이길 수 있을까?
내가 있잖아. 내 실력 몰라?

2
㉠ ___________
알았어. 조심할게. 그럼 내일 작전은 무엇으로 할까?

3
매일 연습한 작전 1번으로 하자.
그래. 연습하던 대로 하면 잘될 거야.

4
맞아. ㉡ ___________
우리 모두 열심히 했으니 좋은 결과가 있을 거야.
힘내자!

㉠ •

㉡ •

• 천 리 길도 한 걸음부터. •	• 이미 잘못된 뒤에는 손을 써 봐야 소용 없다는 뜻.
• 벼 이삭은 익을수록 고개를 숙인다. •	• 실력이 있는 사람일수록 더욱 겸손하다는 뜻.
• 공든 탑이 무너지랴. •	• 무슨 일이나 시작이 중요하다는 뜻.
• 소 잃고 외양간 고친다. •	• 열심히 노력하면 그만큼의 대가가 있다는 뜻.

2. 밑줄 친 곳에 들어갈 알맞은 말을 골라 속담을 완성해 봅시다.

1)

가는 말이 고와야 ________ 말이 곱다.

나는 오는 정든 사는

남에게 말이나 행동을 좋게 해야,
남도 자기에게 좋게 한다는 말.

2)

까마귀가 ________ 보고 검다 한다.

까치 해 달 백로

자기 처지는 생각하지 않고
남의 흉을 보는 것을 비웃는 말.

3)

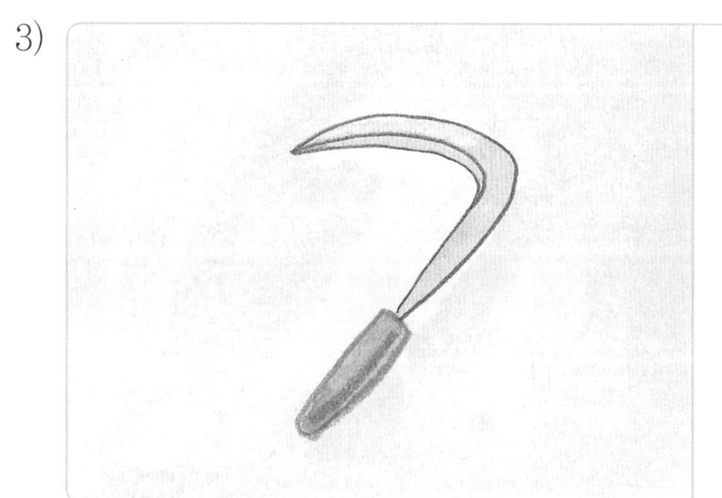

낫 놓고 ________ 도 모른다.

풀 기역 자 사과 문

답이 뻔하게 보이는 것도 모르는
무식함을 이르는 말.

1. 다음 상황에 어울리는 속담을 골라 봅시다.

1)

1학년 때 상빈이는 반에서 달리기가 가장 늦었다.
2학년이 되자 반에서 가장 빨리 뛰었다.
그러자 상빈이는 달리기를 못하는 친구를 놀리기 시작했다.

① 공든 탑이 무너지랴.
② 개구리 올챙이 적 생각 못 한다.
③ 까마귀 날자 배 떨어진다.
④ 천 리 길도 한 걸음부터.

2)

태호는 야구 방망이를 갖고 싶었다. 그래서 하루에 백 원씩 저금을 했다.
처음에는 가벼웠던 저금통이 지금은 꽤 무거워졌다.
앞으로 한 달을 더 저금하면 야구 방망이를 살 수 있는 돈이 될 것이다.

① 바늘 도둑이 소 도둑 된다.
② 고슴도치도 제 새끼가 제일 곱다고 한다.
③ 소 잃고 외양간 고친다.
④ 티끌 모아 태산.

3)

슬기는 쉬는 시간에 진호에게 동숙이 흉을 보았다.
결국 그 사실을 동숙이가 알게 되어 둘의 사이가 나빠졌다.

① 낮말은 새가 듣고 밤말은 쥐가 듣는다.
② 가재는 게 편.
③ 벼 이삭은 익을수록 고개를 숙인다.
④ 세 살 적 버릇 여든까지 간다.

10 단원

헷갈리기 쉬운 낱말

우리말에는 글자의 모양이나 발음이 비슷하여 헷갈리기 쉬운 낱말이 많습니다. 쓰임에 맞게 잘 구별해 쓰는 것이 좋습니다. 받아쓰기에도 자주 나오니 꼭 익히도록 합시다.

헷갈리기 쉬운 말 사전

부치다: 편지나 물건 따위를 일정한 수단이나 방법을 써서 상대에게로 보내다.
예) 편지를 부치다.
붙이다: 맞닿아 떨어지지 아니하다.
예) 봉투에 우표를 붙이다.

반드시: 틀림없이 꼭
예) 약속은 반드시 지켜라.
반듯이: 작은 물체, 또는 생각이나 행동 따위가 비뚤어지거나 기울거나 굽지 아니하고 바르게.
예) 고개를 반듯이 들어라.

닫히다: 문 따위의 열려 있던 것이 제자리로 돌아가 안과 밖이 통하지 못하다.
예) 대문이 굳게 닫히다.
다치다: 부딪쳐서 상하다.
예) 축구를 하다가 발목을 다치다.

조리다: 고기, 채소 따위에 양념을 하여 국물이 적어지도록 바짝 끓이다.
예) 생선을 조리다.
졸이다: 속을 태우다시피 초조해하다.
예) 거짓말이 탄로 날까 봐 마음을 졸이다.

1. 다음 만화를 잘 읽고 거북이가 토끼의 말을 이해하지 못한 이유를 골라 봅시다.

① 거북이는 잘 이해했지만 토끼가 거북이를 놀렸다.

② 토끼가 너무 작은 소리로 말해서 알아듣기가 힘들었다.

③ 거북이는 소리가 비슷한 낱말의 뜻을 헷갈리게 알아들었다.

④ 토끼가 말한 낱말이 너무 어렵기 때문에 이해하지 못했다.

2. 보기 에서 그림에 알맞은 낱말을 찾아 써 봅시다.

보기	느리다	반드시	맞히다	거름	반듯이	걸음	늘이다	마치다

1. 다음 그림을 보고 밑줄 친 낱말이 바르게 쓰인 것에는 ○표를, 잘못 쓰인 것에는 ×표를 해 봅시다.

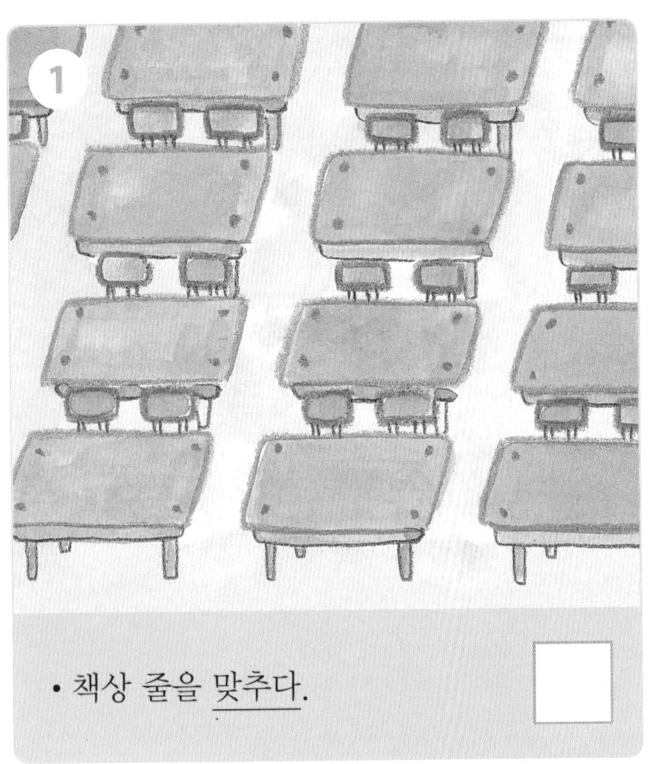

1

• 책상 줄을 맞추다.

2

• 화살이 과녁을 맞히다.

3

• 졸업식을 마치고 사진을 찍었다.

4

• 연호는 정답을 다 맞쳤다.

2. 밑줄 친 부분에 들어갈 알맞은 낱말을 골라 그 칸을 색칠해 봅시다.

1)

	바치다	받히다
• 한글 연구에 평생을 ______.		
• 사고로 자동차에 ______.		
• 사랑하는 사람에게 꽃을 ______.		

2)

	부치다	붙이다
• 동생에게 소포를 ______.		
• 풀로 색종이를 ______.		
• 케이크에 초를 꽂고 불을 ______.		

3)

	느리다	늘리다
• 공부를 열심히 해서 수학 실력을 ______.		
• 거북이는 토끼보다 ______.		
• 앞 차의 속력이 너무 ______.		

1. 표지판이 설명하고 있는 낱말을 따라가며 미로를 풀어 봅시다.

출발

고기나 채소 따위를 양념해서 국물이 거의 없게 바짝 끓이는 것.

졸이다

조리다

부딪치거나 넘어져 상처가 나는 것.

닫히다

다치다

물이 얼어 굳어진 것.

넘어지거나 떨어지지 않게 무언가를 괴어 놓는 것.

얼음

바치다

어름

받치다

물건이 없어져 지금은 그것을 갖고 있지 않다.

도착

잃다

잊다

2. 다음 문장에 들어갈 알맞은 낱말을 골라 ○표를 해 봅시다.

• 엄마는 나물을 [묻히고 | 무치고], 나는 수저를 놓았다.

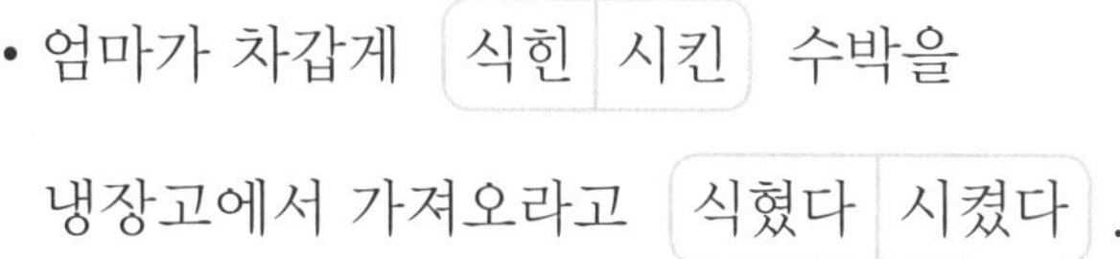

• 엄마가 차갑게 [식힌 | 시킨] 수박을 냉장고에서 가져오라고 [식혔다 | 시켰다].

• 배추를 [절이던 | 저리던] 엄마가 갑자기 다리가 [절이다며 | 저리다며] 일어났다.

• 어제 [잃어버린 | 잊어버린] 연필을 드디어 찾았다!

• 맛있을까 마음을 [조리다가 | 졸이다가] 찜을 너무 오래 [조렸다 | 졸였다].

1. '-(으)로서'와 '-(으)로써'의 쓰임을 살펴보고 물음에 답해 봅시다.

-(으)로서	-(으)로써
어떤 지위나 자격, 신분을 나타낼 때 쓰이는 말. 예) 친구로서 네가 자랑스러워.	재료, 수단, 방법을 나타낼 때 쓰이는 말. '써'는 빼고 쓸 수 있음. 예) 밀가루로(써) 빵을 만든다.

1) 바르게 사용한 것에는 ○표, 잘못 사용한 것에는 ×표를 해 봅시다.

- 1학년 3반 모두에게 친구로서 한마디 할게. ☐
- 친구로써 이번은 용서한다. ☐
- 나는 형과 사이좋게 지냄으로써 부모님을 기쁘게 해 드릴 거야. ☐
- 승철이는 전교 회장으로써 모범을 보여야 한다. ☐

2) 밑줄 친 곳에 '-(으)로서'와 '-(으)로써' 중 알맞은 것을 써 봅시다.

- 단짝 명순이에게 내 마음을 편지 ________ 전해 줄 거야.
- 어떻게 학생 ________ 그런 일을 할 수 있니?
- 이순신 장군은 조선 시대의 장군 ________ 왜구를 물리치셨다.
- 톱 ________ 나무를 자를 수 있다.

미리 보고 개념 잡는 초등

어휘력

정답

- 초등 어휘력의 정답이 실려 있습니다.
- 모르는 낱말은 사전을 찾아보거나
  국립국어원 홈페이지 www.korean.go.kr에서 검색해 봅니다.
- 실수한 문제는 반복해서 정확하게 익히도록 합니다.

8~9쪽 **1.** 뛰다, 박수, 동네, 교사
2. 새침데기, 선생님, 슬프다, 고운, 아파트

10~11쪽 **1.** 도망가요, 밑으로, 주머니에, 끝
2. 밝다–어둡다, 많다–적다,
같다–다르다, 닫다–열다

12~13쪽 **1.** 벗다, 매다, 벗다, 빼다, 신다
2. 덥다, 감다, 닫다, 여자, 밤, 벗다

14쪽 **1.** 1) 초, 입, 학, 시
2) 윗, 촌, 이, 도

16~17쪽 **1.** 1)

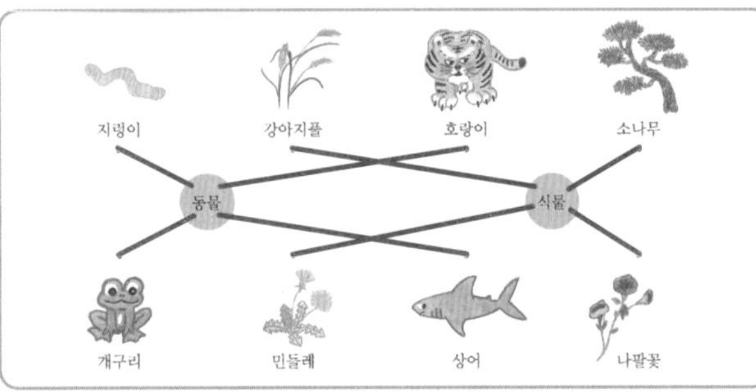

2) 동물– 지렁이, 호랑이, 개구리, 상어
식물– 소나무, 나팔꽃, 강아지풀, 민들레

2. 1) 잠자리, 벌, 개미 / 곤충
2) 연필, 가위, 자 / 학용품

18~19쪽 **1.** 1)

2) 주스 ⟶ 물 ⟶ 우유 ⟶ 차
3) 음료수

2. 장미–장난감, 양말–신발, 필통–가족

20~21쪽 **1.** 간식– 된장, 식초, 소금
양념– 빵, 초콜릿, 과자
(서로 자리를 바꾸면 됩니다.)
2. 가구– 의자, 식탁, 침대, 책장
악기– 플루트, 트럼펫, 바이올린

22쪽 **1.** 1) 비빔밥 불고기
우동 생선 초밥
2) 4, 2

24~25쪽 **1.** 1)

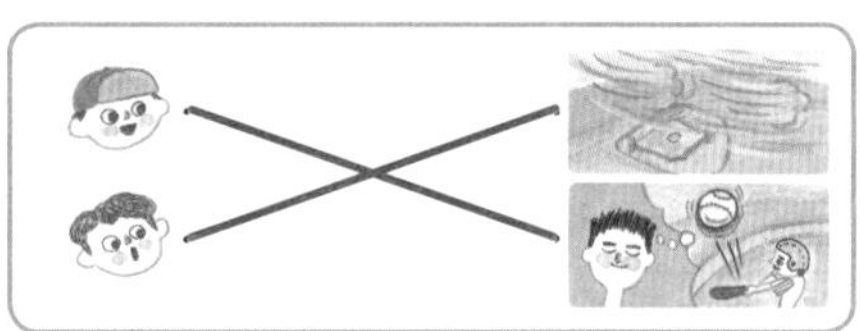

2)

2. 1) 사과 2) 사과 3) 은행
4) 은행 5) 다리 6) 다리

26~27쪽 **1.** 1)

2)

3)

4)

2. 1) ③ 2) ②

28~29쪽 **1.** 1)

2)

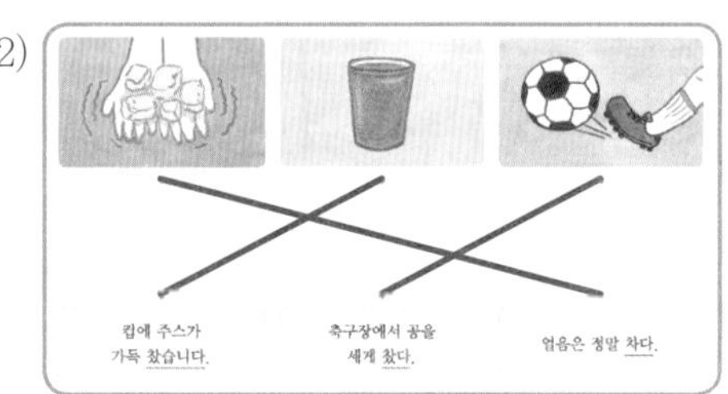

2. 1) 

2)

3) 

4) 

30쪽 **1.** ×, ○, ×, ○, ×, ×

32~33쪽 **1.** 손, 머리, 입

2. 1) 친구들과 가위바위보를 했다.

2) 범인이 냄새를 맡기 전에 사건을 해결해야 한다.

3) 아침을 먹으면 하루 종일 기운이 난다.

34~35쪽 **1.** 1) ㉢ ㉡ ㉠ 2) ㉢ ㉠ ㉡

3) ㉠ ㉡ ㉢ 4) ㉢ ㉡ ㉠

36~37쪽 **1.** 모으다, 버리다, 가볍다

2. 1) 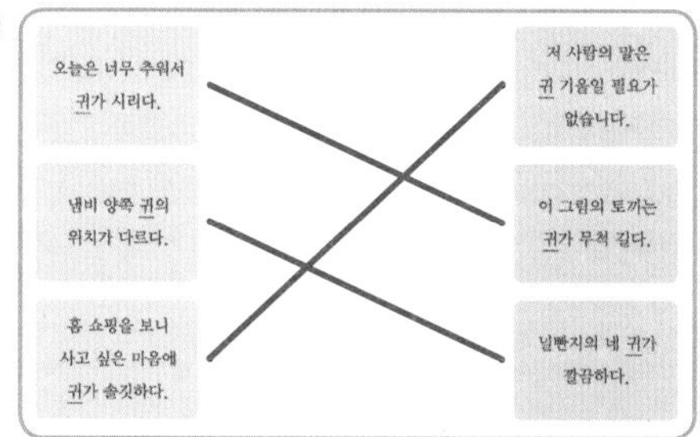

2) 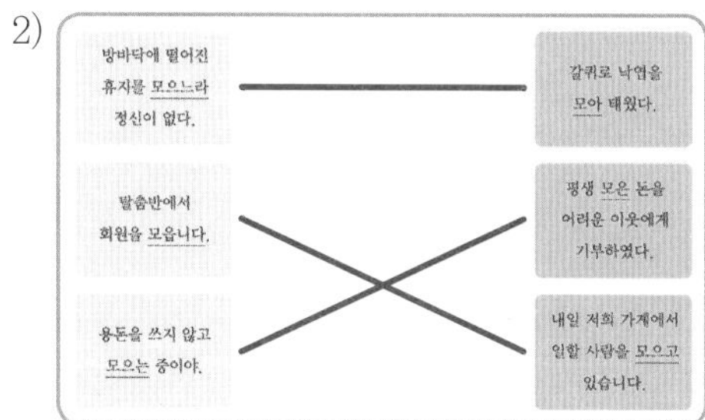

38쪽 **1.** 1) ① 2) ②

40~41쪽 **1.** 솔솔, 팔랑팔랑, 기웃기웃, 폴짝폴짝, 또르르, 개굴개굴

2. 쿨쿨, 엉금엉금, 깡충깡충, 하하

42~43쪽 **1.** 번쩍, 뻘뻘, 모락모락, 살랑살랑, 뒤뚱뒤뚱, 반짝반짝, 아장아장, 훨훨, 데굴데굴

2. 1) ② 훨훨 ⟶ 꼬불꼬불

2) ② 철썩철썩 ⟶ 뻘뻘

3) ① 데굴데굴 ⟶ 뒤뚱뒤뚱

44~45쪽 **1.** 멍멍, 철썩철썩, 똑똑, 꼬르륵, 졸졸, 삐악삐악, 야옹, 어흥, 보글보글

2. 1) ① 따르릉 ⟶ 드르렁

2) ② 쨍그랑 ⟶ 찰칵

3) ③ 뽀드득 ⟶ 부르릉

46쪽 **1.** 1) 소리– 어흥, 까악까악
모습– 싱글벙글, 깡충깡충

2) 소리– 꼬르륵, 아삭아삭
모습– 허겁지겁, 덥석

48~49쪽 **1.** 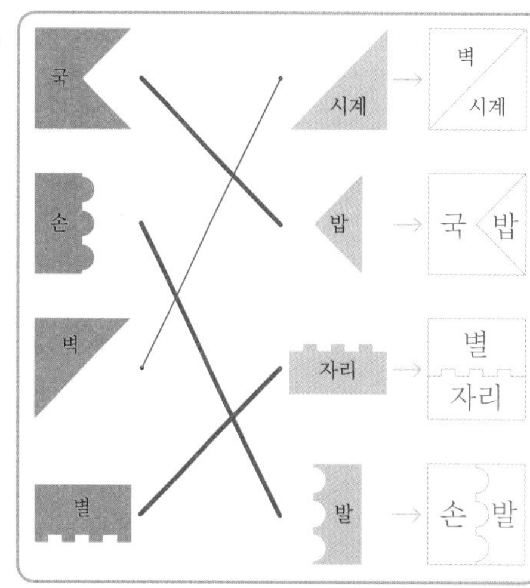

2. 1) 고무신, 짚신 2) 오리걸음, 게걸음

50~51쪽 **1.** 1) 손+바닥, 손+가락, 손+수건

2) 발+바닥, 발+가락, 발+수건

3) 입+맛, 입+꼬리

2.

52~53쪽 **1.** 장난감–여름옷, 소고기–김치찌개,
감나무–붕어빵, 칼국수–책가방

2. 1) 피땀, ③ 2) 밤낮, ①

3. 콩나물, 된장찌개, 소고기

4. ① 수건 ② 신 ③ 벌레 ④ 따개

54쪽 **1.** 로켓 끝말잇기– 가죽신, 등불, 불고기
우주선 끝말잇기– 콩나물, 물고기,
발바닥, 무당벌레

56~57쪽 **1.** 풋사과, 풋고추, 풋대추

2. 맨주먹, 맨발, 맨손

3. 1) 헛, 고생 2) 찰, 옥수수
3) 날, 고기 4) 개, 떡

58~59쪽 **1.**

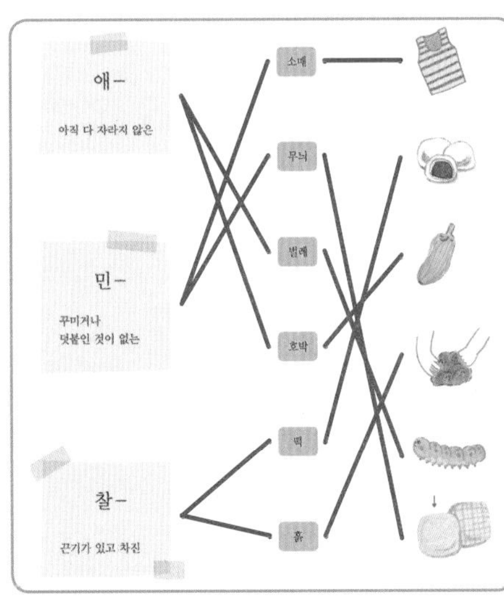

2. 장난꾸러기, 나무꾼, 멋쟁이

60~61쪽 **1.** 1) 실, ① 2) 가, ③ 3) 복, ③

2. 떡보, 울보, 먹보

62쪽 **1.** 꾼, 꾼, 쟁이, 꾼, 찰, 건, 건

64~65쪽 **1.** 고유어– 땅, 하늘, 생각
한자어– 감기, 불편, 결정
외래어– 텔레비전, 버스, 아프리카

2. ① 집 ② 고양이 ③ 바람 ④ 불

3. 여울, 모꼬지, 노을

66~67쪽 **1.** 첫 번째 퍼즐

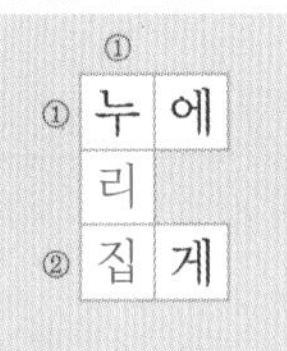

두 번째 퍼즐

	①		
①	달	걀	
	팽		
②	이	슬	비

세 번째 퍼즐

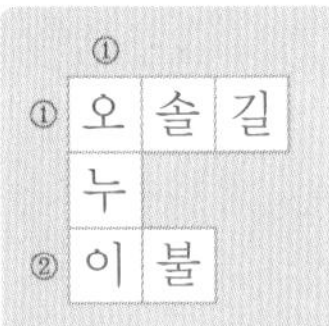

2.

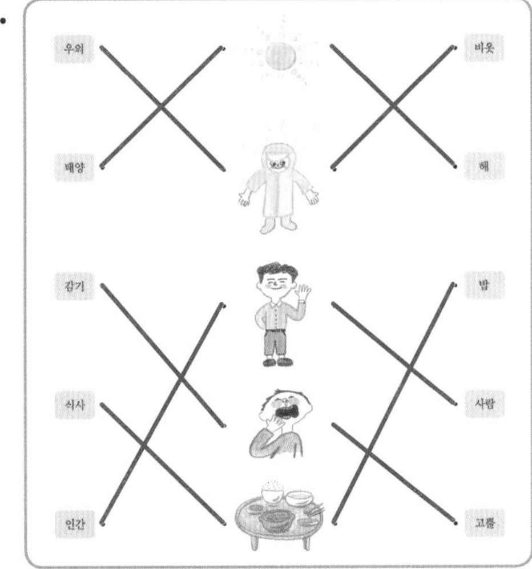

68~69쪽 **1.** 1) 치마, 머리띠, ╳
2) 우유, ╳, 휴대 전화

2. ① 길도우미 ② 휴대 전화
③ 쪽지 ④ 맞았어!

70쪽 **1.** 고유어– 모꼬지, 햇살, 물, 자랑, 마음
한자어– 내일, 남풍, 모자, 장기
외래어– 버스, 뉴스, 주스, 카메라

72~73쪽 **1.**

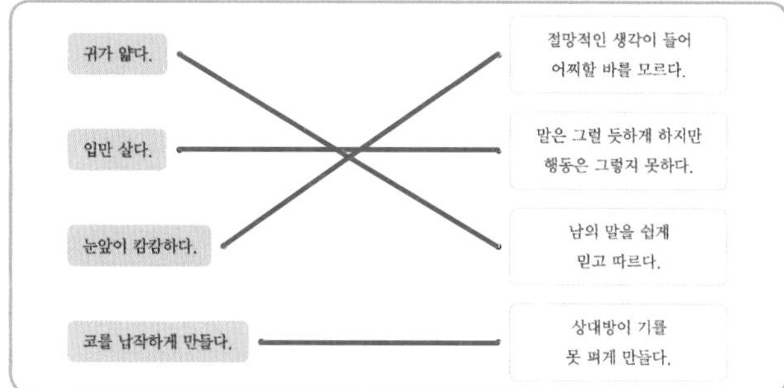

2. 입, 눈, 귀, 코

3. 1) ㉣ 2) ③

74~75쪽 **1.** 하늘을 찔렀다, 바람을 넣었다, 시치미를 뗐다

2. ① 비가 오나 눈이 오나

② 파리만 날린다.

③ 물로 본다.

④ 불티나게

3. ㉠, ㉡, ㉣, ㉥, ㉤, ㉦

76~77쪽 **1.** ㉠ – 벼 이삭은 익을수록 고개를 숙인다.

– 실력이 있는 사람일수록 더욱 겸손하다는 뜻.

㉡ – 공든 탑이 무너지랴.

– 열심히 노력하면 그만큼의 대가가 있다는 뜻.

2. 1) 오는 2) 까치 3) 기역 자

78쪽 **1.** 1) ② 2) ④ 3) ①

80~81쪽 **1.** ③

2. 늘이다–느리다, 걸음–거름, 맞히다–마치다, 반듯이–반드시

82~83쪽 **1.** ① ○ ② ○ ③ ○ ④ ×

2. 1) 바치다, 받히다, 바치다

2) 부치다, 붙이다, 붙이다

3) 늘리다, 느리다, 느리다

84~85쪽 **1**

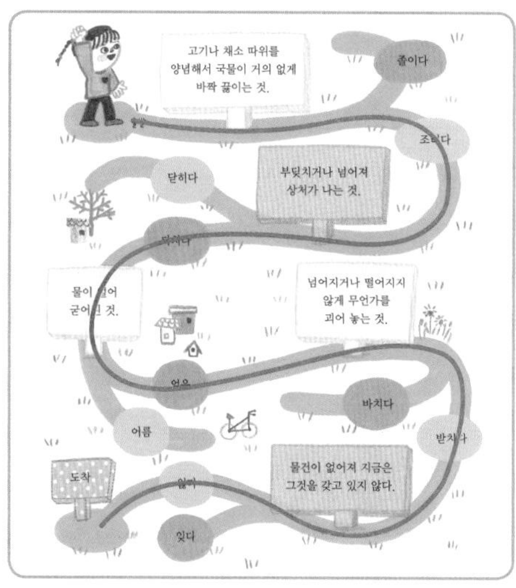

2. 무치고 / 식힌, 시켰다 / 절이던, 저리다며 / 잃어버린 / 졸이다가, 조렸다

86쪽 **1.** 1) ○, ×, ○, ×

2) 로(써), 으로서, 으로서, 으로(써)

저자 이재승

한국교원대학교와 동대학원 국어교육학과를 졸업(교육학 박사)하고 한국교육과정평가원 연구원 및 대구교육대학교 국어교육과 교수, 대학수학능력시험·외무 고시·교원임용고사 등의 출제 위원을 역임했습니다. 현재 서울교육대학교 국어교육학과 교수로 재직 중이며, 초등학교 국어 교과서 기획 및 집필을 책임지고 있습니다. 지은 책으로 『좋은 국어 수업 어떻게 할 것인가』, 『글쓰기 교육의 원리와 방법』, 『아이들과 함께하는 독서와 글쓰기 교육』 등이 있습니다.

저자 최승한

경인교육대학교 국어교육과를 졸업하고 서울교육대학교 교육대학원에서 국어교육을 전공하였습니다. 서울 창림초등학교, 운현초등학교에서 근무하였으며 현재 서울교육대학교 초등국어교육연구소에 연구원으로 근무하고 있습니다. 2009 개정 교육과정 국어과 5학년 교과서를 집필하였으며, 교육부에서 주관하는 핵심 역량 중심의 교과서 모형 개발에 따른 시범 단원 개발 교과서(2014)를 개발하였습니다.

미리 보고 개념 잡는 초등 어휘력

펴낸날 2014년 11월 20일 초판 1쇄, 2022년 1월 10일 초판 14쇄
저자 이재승, 최승한 | **그린이** 강나래
펴낸이 신광수 | **CS본부장** 강윤구
출판개발실장 위귀영 | **출판영업실장** 백주현 | **디자인실장** 손현지 | **개발기획실장** 김효정
아동콘텐츠개발팀 박재영, 백한별, 서정희, 박인의, 김지예, 류효정
출판디자인팀 최진아 | **디자인** 솔트앤페퍼 커뮤니케이션 | **저작권** 김마이, 이아람
채널영업팀 이용복, 이강원, 김선영, 우광일, 강신구, 이유리, 정재욱, 박세화, 김종민, 이태영, 전지현
출판영업팀 박충열, 민현기, 정재성, 정슬기, 허성배, 정유, 설유상
개발기획팀 이병욱, 황선득, 홍주희, 강주영, 이기준, 정은정
CS지원팀 강승훈, 봉대중, 이주연, 이형배, 이은비, 전효정, 이우성
펴낸곳 (주)미래엔 | **등록** 1950년 11월 1일 제 16-67호 | **주소** 서울특별시 서초구 신반포로 321
전화 미래엔 고객센터 1800-8890 | **팩스** 541 8249 | **홈페이지** www.mirae-n.com

ISBN 978-89-378-8684-3 64710
ISBN 979-11-6841-076-3(세트)

책값은 뒤표지에 있습니다. 파본은 구입처에서 교환해 드리며, 관련 법령에 따라 환불해 드립니다.
다만, 제품 훼손 시 환불이 불가능합니다.